江苏省教育科学"十四五"专项课题"指向拔尖创新后备人才培
（项目编号：JS/2022/ZX0105-06121）

新时代融合教育的
探索与实践

杨 军 著

南京大学出版社

图书在版编目(CIP)数据

新时代融合教育的探索与实践 / 杨军著. -- 南京：南京大学出版社, 2025.6. -- ISBN 978-7-305-29449-5
Ⅰ. G76
中国国家版本馆 CIP 数据核字第 2025ZT9661 号

出版发行	南京大学出版社		
社　　址	南京市汉口路 22 号	邮　编	210093

书　　名　**新时代融合教育的探索与实践**
　　　　　XINSHIDAI RONGHE JIAOYU DE TANSUO YU SHIJIAN
著　　者　杨　军
责任编辑　谢高圆　　　　　　　　　编辑热线　025-83597482
照　　排　南京开卷文化传媒有限公司
印　　刷　江苏凤凰数码印务有限公司
开　　本　718 mm×1000 mm　1/16　印张 14.5　字数 198 千
版　　次　2025 年 6 月第 1 版　　2025 年 6 月第 1 次印刷
ISBN　978-7-305-29449-5
定　　价　68.00 元

网　　址：http://www.njupco.com
官方微博：http://weibo.com/njupco
微信服务号：njutumu
销售咨询热线：(025)83594756

* 版权所有，侵权必究
* 凡购买南大版图书，如有印装质量问题，请与所购
　图书销售部门联系调换

前言

在新时代教育的发展进程中,核心素养培育成为教育的关键导向。学生既需要"关键能力"立身,还需要"必备品格"立行,更要有"核心价值"立德,德、行、能兼备,为个人的可持续成长奠定坚实基础。随着时代的快速发展与国家战略的推进,教育领域的深化改革势在必行。其中,"融合"理念至关重要,它能够促进知识的融会贯通,推动学生的全面发展,助力达成人才培养的总体目标。

融合教育作为一种新兴的教育理念,以"立德树人"为根本任务,以促进学生核心素养的全面提升为目标,致力于拔尖创新人才的培养。这一理念主张打破学科之间的壁垒,推动教学各要素的深度融合,涵盖课程、教学、评价等关键要素的有机融合,教学场域的多元整合,线上线下教学资源与方式的协同互补,以及不同学段教育内容与方法的有效衔接。如何将融合教育理念切实落地并转化为实际的教学行动,有待教育工作者在实践中积极探索与创新。

学科融合教学绝非不同学科知识、理论的简单堆砌,而是多学科知识、理论、方法之间的相互渗透与有机结合。在教学过程中,教师可以通过创设真实的问题情境,找准学科融合的逻辑起点。在此基础上,整合教学资源,打造适宜开展学科融合的课堂环境;创新学习方式,构建促进知识横向联结的融合学习模式;重构评价体系,建立指向学生全面发展与复合创新能力培养的融合教学评价机制,从而让学科融合在教学过程中自然发生，推动复合型创新人才的成长与发展。

实施学科融合教学模式，需要学校与教师紧密合作，勇于突破分科教学的固有局限，打破传统课堂的束缚。在真实问题情境的创设、教学资源的整合、学习方式的创新、教学评价的重构等多个层面深入挖掘、持续开发，实现教学资源的互联互通、学科之间的深度交融，促进学生的全面发展，为复合型创新人才的培养与涌现创造有利条件。在学科融合的教学设计中，应将评价与教学目标紧密关联，确保教学目标、评价方式与教学过程的一致性。教学设计时，可将评价环节前置，先思考教学目标的达成方式，再进行教学设计，从而实现教、学、评的有机统一。这种基于学生现有水平、发展方向和学习路径的教学设计，整合了"目标、内容、评价、策略"等教学多要素，是一种多维度的系统化设计，而非单纯依赖经验的教学安排。

教学应紧密联系生活实际，"融"入真实情境，做到从生活中来，到生活中去。将科学问题、生活经验与社会应用有机结合，在课堂上引发共鸣。选取贴近学生认知水平的教学素材，更有助于学生搭建知识框架，实现知识的同化与顺应。比如，在教学实践中，可将社会议题引入科学课堂。社会议题是在特定时期内受到社会广泛关注、涉及社会公共利益，需要社会各界共同探讨并解决的问题。许多社会议题的表象背后蕴含着复杂的科学原理，只有深入剖析并运用这些原理，才能提出切实可行的解决方案。教育界已对社会议题融入科学课堂的教学方式展开初步探索，如议题中心教学模式、结构性争论模式等，这些探索为一线教师提供了有益的参考。越来越多的教师也逐渐认识到社会议题对学生科学素养提升的重要性,并开始有意识地将其融入日常教学。

课堂作为教育教学的主阵地,在融合教育中占据核心地位。理想的课堂应具备以下特点:从教学内容上看,要坚持多育并举,促进学生的全面发展;从教学环节上看,开头应引人入胜,迅速吸引学生的注意力,中间环节要精心引导、巧妙启发,激发学生的思维,结尾则要做到言有尽而意无穷,给学生留下思考与探索的空间;从教学策略上看,应鼓励多种教学形式并存,如具身学习、探究学习、研究性学习、实践学习等,满足不同学生的学习需求。新时代的课堂应追求高水准,这体现在教学维度的多元性、思维培养的高阶性、概念理解的综合性、教学内容的融合性以及学生学习的主体性上。

在融合教育的探索与实践过程中,教师应始终关注学生的全面发展,注重培养学生的多元智能和非智力因素;积极转变教学方式,从传统的知识灌输转向思维能力的培养,引导学生从"求知、求解、求多"向"多想、多做、多探"转变;重视概念的综合性,帮助学生构建结构化的知识体系;着力培养学生解决复杂问题的能力;充分彰显学生的主体地位,让学生在课堂中实现自我价值。

本书聚焦融合教育,从价值思考、创新发展、教学探索和教育实践等多个维度,深入探讨融合教育的实质与内涵,旨在为新时代高质量教育的发展探索可行路径,为教育工作者提供有益的参考与借鉴。

目录

第一章　融合教育的价值思考

时代变局中的教育发展 …… 003
面向未来，锐意实验，求索"融合教育"之路 …… 009
课堂是第一现场，是教育的关键 …… 011
不拘一格育人才，拔尖创新人才培养融合之路 …… 018
全学科阅读，为全人的发展打好底色 …… 020
知识易得，习惯难求 …… 023
拥抱技术，赋能教育 …… 025
"深度求索"时代，教师如何"上下求索" …… 029
科技文化融合创新　推动科学教育多样态发展
　　——南京师范大学附属中学科技文化节 …… 033

第二章　融合教育的创新发展

重构学习空间，构建创意学习共同体 …… 043
高品研学，双高协同贯通人才路径 …… 045
探索新纪元：HPS教育引领科学素养新风尚 …… 049
探寻社会议题融入科学课堂新径 …… 052
HPS教育融入科学教学实践的策略探讨 …… 058

第三章　基于融合教育的教学探索

复合创新人才培养的学科融合教学模式构建 …… 069
课程重构，像科学家一样思考 …… 079

思政融合教学，服务选材、引导教学 …………………………………… 082
思维融合，让学习主动发生 …………………………………………… 085
思维可塑，课堂加注思维 ……………………………………………… 088
逆向设计，理解为先，教学评一致性 ………………………………… 101
目标融合，做专业的教学案设计者 …………………………………… 103
情境融合，让学习者有身临其境的感受 ……………………………… 106
课堂教学不能脱钩断链 ………………………………………………… 108
跨学科教学，弥补学科的缝隙 ………………………………………… 113

第四章　学科建设中的融合教育实践

基于强化"科学本质"的高中生物教学策略 ………………………… 123
基于单元教学法培养学生的科学思维能力 …………………………… 131
新课程背景下高中生物学的融合教学 ………………………………… 136
跨越认知鸿沟：探寻社会话题融入科学课堂新径 …………………… 142
融入微课实现课堂翻转 ………………………………………………… 146
启迪科学梦　创新向未来
　　——跨学科探究课程"科学盒子" ………………………………… 151
生地技融合教学案例：从光合作用到太空种植 ……………………… 168
真实情境下生物学重要概念建构的学习进阶策略
　　——以"植物细胞的结构与功能"一课为例 …………………… 174
如何将生物学跨学科实践与劳动课程有机融合
　　——以"光合作用的影响因素及其在农业生产中的应用"一课为例
　　…………………………………………………………………………… 180
"课程思政"视域下初中生物单元教学实践探索
　　——以"生物的分类和多样性的保护"一课为例 ……………… 185
基于单元融合的高三一轮复习之 PCR 技术的应用教学案例 ………… 193
"人工智能温室中的番茄生长"项目的跨学科项目化学习例析 …… 202
物技融合，知行合一：培养新时代科技创新人才 …………………… 209
依托社团课程开展学科融合教学的优势及策略 ……………………… 218

第一章 融合教育的价值思考

第 1 章　 概念表象的行動觀點

时代变局中的教育发展

有人说教师的回答决定了学生努力的方向。这说明教育具有方向性，面对时代变局，教育向何处去？我们到底要培养学生什么样的能力去适应未来的社会？教育工作者要心怀社会变化不可逆之态度，重新设计课程，重新定义学法，培养学生适应未来的能力。教育家蔡元培把教育分成了两个层面：一是"现象世界"的教育，服务于现实利益，那么当下教育最大的现实就是"百年未有之大变局"，唯一不变的就是变；另一个则是"世界观世界"的教育，超越对于"现象世界"的追求，培养人的信仰和信念，面对人工智能、互联网、物联网、元宇宙等时代变化，我们教育的理想又会受到何种挑战，我们如何应变？百年变局对教育带来的挑战是什么？思考又有哪些呢？

一、时代变化对教育的挑战

时代变化对教育的挑战是系统性的。这种挑战不在局部，不在一时，是不可逆的，这种挑战是前面未遇到的，不仅是百年未有，甚至是亘古未有的变化。在关乎国家、民族、个人命运的关键节点上，教育人应该有春江水暖鸭先知的感知力。我们要捕捉这种变化，立在潮头，才能独领风骚。我们不能用昨天的方法应对今天的问题，那就是剥夺了孩子的明天，更不能用封闭、禁锢、不变来应对未来。因此，今天的教育人应当感觉到历史的方位、时代的挑战、国家的召唤，我们要能够主动直面这种大环境的系统性变化。

这种变化与技术革命有关。技术改变生活，甚至颠覆我们的认知与实践。无孔不入的技术又何尝不会逼迫我们的教育进行革命。十八世纪以来，人类先后经历了器力、电力、算力、智力的一次次革命，历史车轮滚滚向前，我们教育也随之经历了从一维（知识），双基（基础知识、基本技能），三维目标（知识与技能、过程与方法、情感态度与价值观）到核心素养时代的变革。最新的这次变革需要人工智能的赋能，人类需要和人类设计的产物——人工智能共存，人类在知识的承载、简单联系等方面肯定不是人工智能的对手。我们的教育应当培养什么人？同样技术也可能带来了学校教学样态的变革。OECD提出了未来教育的样态应该是学校为中心，无权威性（学生处于主体地位，新建构主义强调大规模网络协作学习可能成为趋势），无边界性（知识变的易得，教师角色必须发生变化，教学时空可能需要重构），无控制性（课堂需要融入新兴学习范式，基于问题、兴趣的学习将变为主导）。未来虽具有不可描绘性，"VUCA"【异变（volatility），不确定性（uncertainty），复杂性（complexity），模糊性（ambiguity）】，面对这种变化，未来不仅仅是要去的地方，也是我们要创造的地方，承载民族教育重任的教师，面对未来我们责无旁贷。

这种变化与我们国家的主要矛盾和国家需求的变化有关。新时代我们国家的主要矛盾已经由"人民日益增长的物质文化需要与落后的社会生产之间的矛盾"变为"人民对美好生活的向往与发展的不充分不均衡之间的矛盾"。这种矛盾聚焦点体现在教育行业，就是人民对优质教育的向往与发展的不充分不均衡之间的矛盾。新形势下，我国已经完成了产业布局，正在进行新一轮产业革命与调整，新质生产力是国与国之间的聚焦点，也是发展的制高点，这种制高点的登攀需要一大批拔尖创新后备人才的前仆后继。这就是新时代教育应当承载的使命——大力培养拔尖创新人才。随着这种变化，教育的根本任务、培养目标、育人方式、评价理念等方面也发生着相应的变化。在新一轮改革浪潮中，教育的附加值更大了，不重视教育或脱离趋势的教育将走向覆灭。

这种变化与人的自我发展有关。人类文明进化经历了三个重要阶段，第一个阶段是发现了人，将人从神的笼罩下解放出来；第二个阶段是发现了女性，将女性从男性的统治下解放出来；第三个阶段是发现了儿童，将儿童从对成人的依附中独立出来。黑格尔说："自由是对自然的认识。"教育的本质首先是人，教育的最高目标是道德，发展的应该是人的必备品格、关键能力，也包括核心价值的形成。因此，教育必须要从传统走出来，要从工具理性变为价值理性，实现人从本我到超我的发展，让未成年人从身体站立到精神站立的二次成熟；也要从只关注行为主义操作理论变为建构主义、人本主义并重，也就是教育要从人的维度出发设计一切要素。

教育是面向未来的，人类面对未来的准备就是给未成年人上一节"预备课"，因此当下的教育工作者应当关注这种角色定位。教育工作者的首先要关注的就是把自己融入时代，因为我们在影响未来有影响力的人，正如教育家陶行知所说，教师手里操纵着幼儿的命运，便是操纵着民族和人类的命运。人民教育家于漪说："教师一个肩膀挑着学生的现在，一个肩膀挑着国家的未来。"这都寓意着教育工作者责任重大，使命光荣，我们要心怀国之大，争做弄潮儿，在教育变革的路上，锐意实验，一路向前。

二、新时代教育重构

时代的蓬勃生命力，催生着各个行业的变化，也在孕育的各种新兴行业。新时代的"两个人——治病救人和立德树人"显得非常关键。两个领域都指向人，前者守护的是人民的身心健康，守的是底线；后者聚焦的是人的自我实现，推动的是高线，其他行业应当在底线和高线之间发展。教育高线的高度、结构、逻辑决定了人类发展的速度与方向。教育是母体，它孕育和催生着百态，新时代的系统性变革也同样反作用于教育，催生着新一轮的教育变革。

从教育诞生以来，教育经历了古学、旧学、新学，推动了人类的发展与进步。当下,我们的教育又要向何处去呢?佐藤学被称为"再"先生,他对整个教育系统进行了再定义:课程被再定义为"学习经验之履历";学习被再定义为"意义和关系之重建";教学再定义为"反思性实践";学科再定义为"学习文化领域";学校再定义为"学习共同体"。经过几十年蹲点学校,沉入课堂,佐藤学发出了教育供给侧的思考,教育需要再定义,再出发。他把教育看成相遇(与自己相遇、与他者的相遇、与客观世界的相遇),这些再定义聚焦在人本身,突出了人的学习历程,关注了合作的力量,还聚焦因材施教。在自我意识觉醒的时代,教育的使命任务更多的是要回到"人本"要素的挖掘上来。这样学习就会变成一个非常复杂的问题,因此有人说教育涉及了社会学和心理学两个领域,教师需要结合学生心理,考虑学生认知规律,社会需求等因素,将学生已有认知、社会情境、教材内容,一起放在课堂内共振。课堂也不再是简简单单的教师教、学生学的问题。课堂应该包括课程与学教关系问题、学术与心理关系问题、教学与管理关系问题、教学和德育关系问题、技术和艺术关系问题等。新时代教师要更多地关注这些复杂性关系,厘清这些矛盾,才能让学生有"目标驱动和兴趣驱动",让学习有乐趣、有深度、有效能。

新一轮课程改革背景下,有人把教育改革理解成"评价改革",这样的理解太浅,这一轮课程改革包含了"理念、评价、教学、课程、教材"等多种要素的变化,是一种全要素、系统性变革。首先,以上每一个领域都发生了系列变革,比如教育理念上我们关注留白,关注必备品格和核心价值。教学评价上我们关注服务选材的同时也关注如何引导教学,既关注基础性问题,也聚焦具有挑战性的"综合性、实践性、创新性"的话题;我们既关注终结性评价的变革,也关注综合性评价的丰富和增值性评价的探索。教学中我们关注了教学评的一致性;关注大问题的牵动,也就是通过素养目标化、引领性主题、挑战性任务、持续性评价建立大概念,发展学科素养,从而达到文化基础、自主发展、社会参与的协同发展。教学策略中我们更加在意多种模式的共生,包括项目学习、具身学习、情境学习、探究学习、思维学习、融合学习、实践学习等方面。教育工作者要理解这种变化的复杂性，切忌关注一个点，忽略整个面。其次，这也是一个配套改革，是一个组合拳，只有数招并用，才能起到效果。学校、学科、教师、家长、学生等各类主体都要主动应变，系统构建学校教育的生态体系，才能真正做到与时俱进。比如学校学习共同体建设、学校课程方案建设、学科课程纲要建设、学科作业体系建设、家校社区协同体系建设等。

三、构建融合生长的生态体系

中华民族的伟大复兴需要大批拔尖创新人才，拔尖创新后备人才的培养在基础教育的目的和价值中日益凸显，成为普通高中教育的使命所在。新时代背景下，我们全面贯彻党的教育方针，深度思考当下所处的历史方位、使命责任和教育行动方向，秉承"研究普通教育之成法"的传统，坚持"健康生长、融通一体"的教育理念，深化育人关键环节和重点领域改革，创新教育教学方法、途径和载体，探索构建拔尖创新后备人才的培养机制。

当前，"德、智、体、美、劳"五育并举的教育理念贯穿于幼儿园、小学、中学和大学等各个阶段的创新人才培养体系。高等教育培养创新能力，而高中教育旨在培养创新意识，高中教育中的"分科化趋势"和人的全面发展"融合化"需求之间存在着一定的结构矛盾，这就需要高中教育工作者开展融通教育。为此，借助互联网技术等现代技术手段，积极探索"融通式教育"范式，力求让学校教育、教学、评价、管理、数字化环境等全要素发挥合力作用，全域进行"优化与融通"，构建出新时代下学校教育应有的样子：现代高品质的教育、特色创新的教育、和谐共生的教育。

融通，是辩证的对立统一，和合共生。"融通式教育"致力于引导师生用系统性思维去理解学习，既需要在各自独立领域内上下贯通，也需要将各个领域、模块、要素进行左右融通，使之成为一个不可分割的整体，如此，学生才能触类旁通成为自然，核心素养充分发展。在此认知基础上，持续进行融通式教育的校本化探索与建构，以期更加系统化、个性化与创造性地贯彻新时代的教育要求。我们在以下几个方面开展了"融合"的探索实践：通过"创意学习共同体的建立"，重构学生的学习时空；通过"理科课程重构课程的实施"，让学科在科学领域内联通；通过"全科阅读项目的开展"，促进学生开拓视野、系统思考；通过"高品研学课程的开展"，让学生简单问题、深度思考。

面向未来,锐意实验,求索"融合教育"之路

百年未有之大变局,有人用"VUCA"【异变(volatility),不确定性(uncertainty),复杂性(complexity),模糊性(ambiguity)】来描述未来社会的特征。党的二十大提出"科技是第一生产力,人才是第一资源,创新是第一动力",这三个"第一"的支点应该是教育。如何用教育支点应对变局,通过提高"教育力"来发展"生产力"是当下的"国之大者"。

新时代的教育倡导核心素养发展,也就是学生既需要"关键能力"来立身,还需要"必备品格"来立行,更要有"核心价值"来立德,唯有实现德、行、能兼备,才能实现可持续发展。新时代教育指向全人发展,"立德树人"根本任务的提出、"五育并举"教育策略的实践、综合评价系统方案的出台、家校社区育人体系的构建,有效促进了人的全面发展。

在教学分科化背景下,教育领域的深化改革需紧随时代发展和国家战略,也需要强链补板,教育需要有"融",教育需要"逆分科之势而动,顺人发展之势而为",开展融合教育,以融促通,以融促全,实现人才培养总目标。

不忘初心、踔厉奋发,形成融之理念。教育难点在"破",教师需要跳出学科教学舒适圈,重新审视教育。随着学科领域的细分,现在基础教育也与之共舞,不断精细,教师多囿于学科领域内深耕,师生无法得到充分均衡的发展。百年大计,教育为本;教育大计,教师为本。全人发展需要有塑造生命与灵魂的"大先生"。全人发展目标的实现,亟待教师摒弃旧有发展观,建立现代教育观,也就是我们需以"立德树人"为任务,素养建构为方向,融合教学为策略,综合评价为支撑,形成教育融合理念,建立学生发展观、全人发

展观。有学者说"教师是影响有影响力的人",我们不仅要有"为学生成长立心"的责任,更要有"为学生甚至教师发展立榜样"的担当。我们要不忘初心、踔厉奋发,为全人教育理念的形成奉献智慧、输出经验、提供样板。

勇立潮头,锐意实验,探索融之路径。融合教育立足于"立德树人",着眼于核心素养的全面发展,致力于拔尖创新人才的培养,是一种新兴的教育理念。我们如何让融合教育理念落地?知是行之始,行是知之成,融合教育路径需要我们自己去探索、去试错。教育的融合应当包括教学多要素深度化、常态化、有机化的融合,既包括"教学中课程、教学、评价要素的融合",也有"教学场域的融合",还要有"线上线下双线融合",当然还需"不同学段的融合"。"春江水暖鸭先知","双新"+"双减"教育时代需要我们有"鸭先知"的感知力,敢为天下先,用智慧、思考、实践求索新时代的"教育融合方案",为育人方式变革贡献我们智慧。

源头活水,培根铸魂,构建融之体系。苏霍姆林斯基提出:"教育需实现让每一面墙说话。"教育治理的理想应该是"处处可学,时时有学,人人皆学"。人的全面发展需要教育生态系统的浸润,需要教育全体系的加持。当下教育迫切需要"生态治理"和"体系建构"。融合教育的实施不只是某种教育方法零散、片面的点缀,而应有整个教育生态体系的变革。我们唯有从"教育体系"着眼,从"教育的源头"治理,如教育物化空间的融合重构,教育资源的万物互联,家校社区的一体设计,教育学段的协同培养,才能实现处处有教育,润物细无声,教育才能迸发活力,教育的源头活水才能不断滋养学生,实现"启智、润心、培根、铸魂"。

在时代教育的大业上,广大教师虽不能达到"白也诗无敌"的境界,但也要有"会当凌绝顶"的眼界,利用好各种发展的契机。我们要格物致知、悟教育之道,也要"知势而行",上下求索,探教育之路。

课堂是第一现场，是教育的关键

教育是多要素构成的有机整体，是从人到人的过程，涉及教和学的转化，也涉及学到学会的两次转化，还可以加上从学会到做到的三次转化。《理解为先的教学设计》一文提出了理解有六个侧面，包括"解释、阐明、应用、洞察、深入、自知"。寻常课堂的理解很难让学生企及这六个方面。要让学生达到真正意义的理解，还应该在课堂改变上下功夫，佐藤学提出"课堂是第一现场，课改的现场就是课堂，课改的关键还是改课"。郭华教授说："在课堂里看见未来。"课堂是教育的关键。当下的课堂要提档升级，要追求更高规格的课堂。

首先，这种"高规格"体现在维度的多元性

课程包括"目标、内容、实施、评价"四个要素。每一节课都存在目标的问题。好课堂的目标应当是多元的，每一节课应尽可能紧扣核心素养中"文化基础、自主发展、社会参与"的多元方向，发展学科全面育人的价值。

当下，国家更加关注拔尖创新人才的培养，拔尖人才不仅要有全面的素养，也要有必备品格和关键能力，再辅以专攻才艺。教育家蔡元培把教育分成两个层面：一是"现象世界"的教育，服务于现实利益；另一个则是"世界观世界"的教育，超越对现象世界的追求，培养人的信仰和信念。现在我们课堂上缺乏的就是"世界观世界"的教育。我们的教育太朴素，教育要有点理想，要培养学生非智力因素的多元智能，比如，高瞻远瞩的目光、高山仰止的人格、学贯中西的知识、总揽全局的能力、百折不挠的毅力、海纳百川的胸襟。因此，教育是研究人的科学，是一种艺术，涉及心理学和教育学。

其次,这种"高规格"体现在思维的高阶性

我们的大脑不是容器,课堂不应当是知识的灌输。帕尔默提出:"有的课堂是将琐碎的知识点,滴入学生血管,推动着他们麻木昏睡的躯体。"在知识易得的时代,在人工智能等技术不断迭代的时代,知识早已不是"奢侈品",我们不能让美好的青春浪费在机械的记忆中。有学者提出:"我们教育所为之设计的社会已不复存在,低年级学生毕业后又落后社会了。"这种落后是内容的落后,结构的落后,教育者的应对之策是什么呢?应当是"面对心怀社会变化不可逆之态度,重新设计课程,培养学生的适应能力和多样化才能",这才是教育的应然。当然,我们的大脑主要也不是用来记忆的,从解剖结构上看,我们大脑的海马体负责了短期记忆,这个海马体在脑中所占区域很小,这一区域的面积说明了记忆不是我们脑的主要机能。

我们大脑不是容器,是处理器,是左右脑的协同合作。玛丽·凯·里琪的《可见的学习与思维教学》提出了"固定思维模式"和"成长思维模型","前者认为一个人有着先天注定的智力、技能或才华;后者认为通过坚持、努力及专心致志地学习,一个的智力将得以成长或发展。基于大脑的大量研究标明,脑的神经具有可塑性,也就是在我们的整个生命活动过程中大脑是变化的、会适应也会自我改变"。

教育目标不是知识,赫尔巴特和杜威认为是道德,皮亚杰提出:"教育的目标不是去增加知识的数量,而是为孩子的发明和发现创造可能,塑造能做不一样事情的人。"当下,我们的教育传递知识仍然大行其道,颇有市场。因此教育需要进行一次变轨,我们要从"求知、求解、求多"的课堂形态变到"多想、多做、多探"的轨道上来。课堂应该是一个带着学生走向真理的过程,这是一场奔赴、是一种碰撞,是一种相遇,是与客观世界的相遇,与他者的相遇,与自己的相遇,学生在这种过程中才能够成长。我们的课堂需要聚焦"思维内核",面对一种变化的时代,我们只能用思维去驾驭,面对人工智能孪生的境遇,我们唯有用思维去面对。联合国教科文组织出版的《学会生存》也提出"教师的职责已经越来越少地传递知识,而越来越多地激励思考,除了他的正式职能以外,他将越来越成为一位顾问,一位交换意见的参与者,一位帮助发现矛盾点而不是摆出真理的人。

印度哲学家克里希那穆提出:"教育的真正意义,难道不是培养你的智慧,借着它找出所有问题的答案?"教育应当是启迪智慧的,但教师遇到了什么呢?威林厄姆指出:"学生会尽量避免思考,而努力通过记忆来解决问题,也就是教师面对着一屋子头脑不是专门用来思考而是尽量避免思考的学生。"大脑不是专门用来思考的,因为思考是要付出代价的。思考也不是很有趣,原因包括:① 它需要付出努力,需要消耗资源,涉及人的精力的合理配置,大脑同时对各种需求做出平衡,我们是资源有限的动物。② 思考有高度的不确定性。面对这样一个状况,教师的主要职责就是走出焦虑区,迈入学习区,这样才能让学生逐渐摆脱"依赖习得的常规和习惯"。因此,教育也是认知的科学,必须关注对于认知的认知。用元认知激发认知,让学生的智慧生长。

第三,这种"高规格"体现在概念的综合性

约翰·D·布兰思福特等编著的《人是如何学习的》一书中提到了"专家的知识不仅仅是对相关领域的事实和公式的罗列,相反它是围绕概念或大观点组织的,这些概念和观点引导他们去思考自己的领域"。专家与新手的区别是专家是围绕重要观点或概念来组织知识,这就意味着课程亦应按观念理解的方式组织。在传统教育工作中,许多课程设计和组织的方法使得学生难以进行有意义的知识组织,通常在进入下一个主题前,只能触及一些表现型的知识。确实,我们的教育更多的是琐碎的知识、脆弱的知识,是幼稚的、机械的、惰性的,我们忽略了问题背后的问题,现象后面的本质,知识后面的逻辑,数量后面的结构,知识后面的认知。信息化时代,易得的是琐碎的知识,课堂教学是将教师的先行知识、学科知识、学生已有知识三者一起投放到课堂里共振的过程。基于认知的发展规律和时代的发展趋势,我们的课堂应当聚焦概念的综合性。

这一轮新课程围绕未来发展趋势,提出了体系化的变革主张,提炼了学科素养,优化了教学内容,增加了学业质量,强化了教学评指导。新课程教学主张"知识结构化、任务情境化、学习实践化",新课程教学不应当关注知识本身,在教学中教师要以"知识为工具,情境为载体,素养为目标,持续性评价"去帮助学生建构,形成大概念、重要概念、次位概念的多级结构体系,帮助学生掌握结构化知识,提升关键性能力,养成必备性品格。

第四,这种"高规格"体现在内容的融合性

有学者提出:"我们现在的教育,注重确定性知识的传授,确定性问题的解决,学生缺少面对不确定性的未知的认识和探索的勇气与能力。"教育要有理想性和超前性,因为我们教育所为之设计的社会已不复存在,低年级学生毕业后又落后社会了;教育也要有现实性,要基于现实问题,生活情景去发生,教育即生活,要把生活带入教育,要让教育照亮生活。教育应当源自生活,又高于生活,还可以回到生活,做到既高雅又真切,既有意思,又有意义,还有用处,这才是教育应有的样子。

教育不应当拘泥于一个点,一个题,一个事实,而应基于真实问题、研究课题、实践项目等方面开展教学,这样才能有真实的学习过程,学生沉浸其中,以主人翁角色去求索。有了学习的真实经历,学生才能孕育感情,求得真知、生成意义、切问近思,才能有"情真意切"的主观色彩。

指向拔尖创新后备人才培养的融合教学范式应当包含六大要素,即方向、情境、内容、思维、空间和目标。课堂教学应该将在六个要素上加强融合。① 在方向上,应坚持立德树人,通过思政融合推动课程思政与思政课程协同育人,推进学科间融通,在学习中融入理想信念层面的精神指引,达到立德树人实效。② 在情境上,建立起与真实世界的紧密联系,创设生活情境,通过真实非良构问题促进不同学科思维、图式的调动,实现知识的横向联结。③ 在内容上,打破学科壁垒,拓展学科视野,关注学科间的联系与整合,将不同学科的知识通过大概念、主题有机融合在一起。④ 在思维上,进行思维教学,注重高阶思维的培养,如"三一学法",从一到多,关注本质连接与迁移应用,实现思维进阶。⑤ 在空间上,打破传统教学场域,利用信息

第一章 融合教育的价值思考

技术促进教与学方式的"智慧化"深度变革,融合校内校外、线上线下优质资源,构建全线全域的融合生态。⑥ 在目标上,注重教、学、评一致性,既关注知识层面,也关注素养层面,通过前置、统摄的目标促进素养全面达成。同时,倡导情境化学习、智能化学习、泛在化学习、具身化学习、合作性学习、探究性学习和研究性学习等多样化的学习方式,引导学生全程参与、全面发展(见图1)。

图1 人才培养的融合教学范式

真实问题、研究课题、实践项目的教学为什么不能落地,为什么让教师和学生望而生畏,在于这些问题的非良结构,在于这些项目的跨学科性,在于这些课题的不确定性,这些因素往往让教师和学生止步不前,望而却步。爱因斯坦说:"我们不能拿出现问题的那种思维方式、思维高度去解决问题。"当下我们不能再拿闭卷时代的思维去解决开卷时代的问题。面对复杂问题,我们要首先跨越心理鸿沟,要主动走出学科本位,要从问题的多学科本源,从认知主体的多脑同用的逻辑出发,开源教学,融合各种元素。问题多学科,创新在边界,都需要基础教育不仅要在专业领域里探究,还要在学科间跨越。这样才能真正培养学生的创新能力。

第五，这种"高规格"体现在学习的主体性

学习不是单向的，不是灌输，不是点滴，而是旅行，是相遇，是体验。没有"主体的参与"的学习是虚假的。有人说：没有爱就没有教育，没有兴趣就没有学习，没有活动就没有生长。这些都是基于教育面对的对象是"人"。因此，教育首先要回到"人"的发展上来，我们要从行为主义倡导的"知识为本"发展到建构主义倡导的"主动建构"及人本主义关注的"全人发展"上来。

彰显主体性需要教师在课堂中"看见"学生。课堂的意义既来自学科知识与能力的获得，更来自学科精神与价值观的熏陶。因此，学习是极具个人意义的活动。如果学生在课堂中长期没有实现自我价值的机会，一次又一次地不被"看见"，自然感受不到学习的真实意义。如果学生对学习提不起兴趣，学习能力就会越来越弱，在课堂中的存在感和尊严感就会逐渐流失，直至在课堂中关闭思维系统，成为"学困生"。主体性应当体现在教师在课堂中能够发现学生优点、缺点、难点和增长点，教师要时而提醒、时而表扬、时而激发、时而质疑……这种教育的精妙在于"及时性"。教育要润物无声，要化解到平时课堂，时时去帮助，偶尔才需要去治愈。这样学生的问题，总是能得到适时的反馈。避免学生因长期得不到帮助和肯定，出现习得性无助。

彰显主体性需要教师在课堂中给学生"断奶"。教育充满着母性，充满着包容性，这种包容性孕育了无限的可能，让孩子自由生长。但现在教育还存在一种极端情况，就是不"断奶"，过度养育。荣格心理学里提出了"永恒少年"概念，这些有"母亲崇拜情结的年轻男性被过度保护，也被控制瓦解了力量甚至存在的根基"。我们有些家庭培养了不能独立生活的巨婴，有些教师的课堂又何尝不是如此呢？有的课堂中没有问题牵引，只是知识驱动；有的课堂中有问题，但问题缺少等待的时间，缺乏高强度思考；有的课堂没有找准知识的缝隙，学生因为知识的断层而懈怠。课堂首先是学生的课堂，应当交还给学生。学校的过度教育与家庭的过度养育一样后患无穷。孔子说："不愤不启，不悱不发，举一隅不以三隅反，则不复也。"教学是一个赋能的过程，而不是一个控制的过程；知识更多时候是思想的材料，而不是思想

第一章 融合教育的价值思考

的目的。因此,当下教育最需要做的不是控制孩子,而是解放孩子,让孩子从成人的世界中解放出来。《如何让孩子成年又成人》提出了教育四步:第一步,我们为你做这件事;第二步,我们和你一起做;第三步,我们看着你做;第四步,你独立完成。这四步的要义就是逐步放手,授之以渔。

彰显学生的主体性需要教师激发学生的求知欲。地球上的生物都是在克服重力的情况下逆向生长的,这样向下扎根,向上生长的过程,才能更好表现出生长的张力。教育即生活,教育也需要有负重感,学生有了认知冲突,求知欲会更强;有了知识缝隙,求知欲会更盛。课堂中教师也要会激发学生的求知欲,也就是课程内容要有适当难度,让学生有适度的吃力感和挑战性。当学生克服了困难,才会有获得感和成就感,才能拾级而上,提升认知与心智。

在"双减"政策背景下,教育逻辑发生了变化,即教师教学观念从"工具理性"转向"价值理性",教学内容从"惰性知识"转向"价值性知识",教学过程从"以教促学"转向"以学定教",教学评价从"知识本位"转向"素养本位"。我们要重新定义课堂,优秀的课堂应当包含以上等诸多要素,课堂应当达到"8G",包括学生、课标、教材、兴趣、情境、目标、问题、单元、实践。我们的课堂应当"融合多种元素、开放而包容"。《教育模式》提出了优秀教师在课堂中表现:① 能够调控课堂;② 会营造愉悦的学习环境;③ 善于处理人际关系;④ 能够使学生投入学习过程;⑤ 优秀的学习者,与学生一起实现目标;⑥ 能找出计划不能实施的原因;⑦ 努力使教学生动有趣;⑧ 会让学生有自己获得信息及实践的机会;⑨ 教授两种不同的知识(知道是什么和知道为什么)。

于漪说:"站上讲台,就是生命在歌唱。"课堂是现场,我们的课堂要解放,从知识的困局中走出来。知识的价值在于滋养我们的思想,而不是束缚我们的思想。课堂不能为知识所累,高考也不是教育的全部,陶行知说:"教育者操纵民族的命运。"教育者一个肩膀挑着学生的现在,一个肩膀挑着国家的未来。这就是郭华教授所说的"在课堂里看见未来"。面对这样的神圣使命,教育工作者切不可轻言,不可儿戏,要想尽办法让课堂"高贵起来"。

不拘一格育人才，拔尖创新
人才培养融合之路

2015年，教育部在《统筹推进世界一流大学和一流学科建设总体方案》中明确了培养拔尖创新人才是"双一流"建设的核心任务，要求"着力培养具有历史使命感和社会责任心，富有创新精神和实践能力的各类创新型、应用型、复合型优秀人才"。之后学者们对"拔尖创新人才"内涵开展进一步研究，得出其显著特征主要表现在：一，具备广泛而全面的综合素质，包括独立人格、创新精神、丰富的科学知识、实践能力、合作能力等；二，能在社会各领域做出杰出贡献的高级人才，拥有责任心、事业心、道德感等优秀品质。

高等教育培养创新能力，基础教育培养创新能力，拔尖创新人才培养的关键阶段是基础教育阶段，尤其是有着衔接初中（创新萌芽阶段）和大学阶段（创新实践阶段）的高中阶段（创新人格、创新能力、创新意识快速、全面增长阶段）。针对各个阶段，教育目标、策略、内容、评价方式也不尽相同，基础教育可能更多需要关注的是夯基、激趣、发现；高等教育关注学术能力、创新能力具体实践；高中教育面对是身体快速成长、心理产生不稳定变化、学业挑战快速提升。高中阶段常常面临的情况有：① 学业发展快，身体成长快，"灵魂"（心理）跟不上，导致三者发展不均衡，出现增长失速的情况；② 特长明显，在学科发展内需突出，但在全面发展中动力不匹配，出现单极化增长的情况；③ 学校群体发展定位不能满足个体超我发展的需要，出现学生自由生长的情况。因此，高中阶段的教育更多的是关注学生创新人格（发展动力系统)、创新能力(创新智力系统)和创新实践(创新技术系统)同步发展的问题。

高等教育更多培养创新人才,高中教育更多聚焦"创新后备人才",所谓创新后备人才指的是在高中阶段具备成为拔尖创新人才潜在特质的学生,表现为在一个或多个领域比其相同文化背景和生活环境的同龄学生具有更为卓越的能力或潜在能力,具备卓越的智力水平、敏捷的思维水平、非凡的创造力、全面的知识结构、独立健全的人格、良好的组织合作能力、突出的专业特长以及融汇知识、自主学习的能力和勇担时代使命的担当。有人说拔尖人才后备应当具有以下特点:① 不需要很多次的重复和练习;② 对批判性和创造性的思维感兴趣;③ 高度的个性化;④ 发展往往不均衡。

柏拉图说"教育是心灵的转向",教育如何让这样一些关键少数转向?我们为他们准备了什么呢?我们为之设计的教育能够应对未来的发展场景吗?这样的孩子是我们教出来的吗?这些灵魂拷问都要求我们主动求变,构建教育新场景、新样态。教育工作者要站高望远,要立足教育的未来性,超现实性去理解,去构建适合拔尖创新发展的新样态:① 看清趋势:百年未有变局,教育人才千呼万唤;② 把准时代:着眼人才时代需求;③ 优化系统:系统规划先导,构建人才培养体系;④ 丰富课程:构建多元课程,激发人才多元智能;⑤ 改变课堂:深耕课堂计划,拓展人才思维能力;⑥ 搭建平台:构建竞技平台,助力人才极限突破;⑦ 重塑课程:重构校本课程,精准人才发展路径;⑧ 开展活动:科创学研活动,聚焦人才创新能力;⑨ 多元评价:成长路径多元,综合育人成果丰硕。用佐藤学的观念,我们的教育需要系统再定义。课程再定义:学习经验之履历;学习再定义:意义和关系之重建;教学再定义:反思性实践;学科再定义:学习文化领域;学校再定义:学习共同体。教育指向人,教育,尤其是面向拔尖创新后备人才的教育,首先要创新,如果我们用过去的方式教育现在的孩子,就是在剥夺他们的未来。所以,拔尖创新后备人才培养的关键就是系统的重塑。

全学科阅读，为全人的发展打好底色

我国教育倡导的教育理念从一维（基础知识），到双基（基础知识、基本技能），再到三维（知识与技能、过程与方法、情感态度价值观），进入素养（必备知识、关键能力、核心价值）的时代。这种变化反映的是国家育人理念的变化，从过去的工具理性到人本理性，从知识逻辑到认知逻辑逐步包含了情感等多要素逻辑，从单一发展到全要素融合发展，从竞争教育到共生教育，从求量的教育到求质的教育。我们教育人逐步解放思想，从有限思维逐步形成无限思维，我们走向教育本质：向人的发展去发力，为人的发展奠基。因此我们的教育观、课程观、教学观、管理观应该是基于儿童观这样的底色的。

人的发展首先需要有底色，我们的教育应当赋予什么样的底色呢？我们的教育承担着"为党育人，为国育才"的重要使命，这是矢志不渝的初心和使命。我们教育要培养的是既要有"为天地立心，为生民立命"必备品格，也要有"为往圣继绝学，为万世开太平"的关键能力，还要有"以青春之我，创建青春之家庭、青春之国家、青春之民族"的核心价值，这才是教育的承载，这需要全的人文教育。

这些是单学科教学所不能及的，当下部分教学不仅导致学生知识体系割裂，还导致学生偏科现象严重，针对这一问题，我们可以借鉴全人教育理念，在马克思主义关于人的全面发展思想的基础上，为促进德智体美劳五育平衡发展进行探索。

尼尔·波兹曼在《娱乐至死》一书中曾经讲到，文化的消亡有两种方式：

第一种方式就是奥威尔的预言:文化的消亡,是书被禁读,公理被隐瞒,文化被亵渎;第二种方式是赫胥黎的预言:文化的消亡是无人想读书,无人想知道真理,文化成为滑稽戏。学校是读书的地方,唯有读书才能滋养心灵,高贵精神,腹有书香气自华。因此学校教育承担着培养学生阅读品格的任务,也就是培养学生的阅读意识、阅读习惯和阅读能力。

当下的阅读不能局限于浅尝,而要有深度阅读;不能狭隘单一领域里的精读,而要有涉猎广大领域的泛读;因此阅读也需要融通,通过课程与阅读融合设计,促进学生人文素养、科学理性、技术实战、艺体素质的整体融通性生长,这样才能培养全学科人才。全科阅读可以通过全学科阅读的方式拓展学生自主学习的广度,丰富学生理解知识的方式,促进学生与真实世界的连接,提升学生面对实际问题的解决能力和创造力,实现学生全面发展。全学科阅读从单一走向全面,从活动走向课程,需要体系化建构,需要围绕课程的目标、内容、实施、评价要素展开课程建构,建设全科阅读体系。全科阅读体系可以涵盖语文、英语、数学、自然科学类、社会科学类、综合类六大类组成(见图1),学生的阅读应当每一大类都要涉及,对于社科类、自然科学类和综合类,每一类至少需要涉猎一门学科。学校还可以通过《推荐阅读书目》,让学生相互学习,让一棵树摇动另一棵树;通过线上阅读平台,让师生互动零距离,让"朗读者"能相互启发。

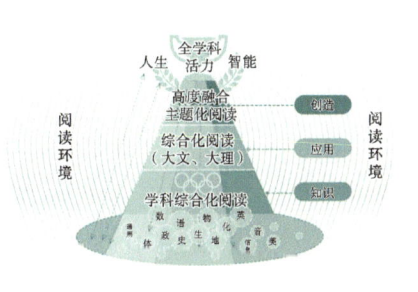

图1 全学科阅读结构图

全学科阅读课程既要有学生阅读习惯培养的课程内容,比如早读课如何做到"耳到、手到、眼到、脑到",从而让早读课"声声入耳";也要培养学生阅读意识,如课堂应当是教师带着学生一起通过阅读,庖丁解牛,带着学生走向真理;还要有阅读环境的营造,比如让图书馆的书进入教室,让书离学生更近,让家长也变成学习者,营造家庭的学习环境。当然,阅读也要培养学生的阅读能力,我们可以基于素养进阶思想开发出全科阅读进阶体系——以学生真实的生活情境为主题的学科融合类阅读课程，包括大文科课程、大理科课程、文理交融课程三大板块，以"引领性主题为目标，挑战性任务为线索，文本性探究为方案，合作式学习为路径"，通过文本探究实现"格物致知"，提升学生对复杂问题的解决能力；以"全科阅读教师团队"组织结构，统筹安排全校的阅读课程，密切学科之间的合作，多向奔赴，开设并优化各类阅读课程，让阅读进入课堂，让阅读浸润学习；我们可以以科技发展成果、社会热点问题等为学习素材，以跨学科大单元阅读、实践型任务驱动阅读、情境化专题阅读等为教学方式，激发阅读兴趣，拓宽阅读思路，挖掘阅读深度。

　　新读书主义倡导，时间再少也要读书，财力再有限也要买书，房间再挤也也要藏书，这种倡导应当把学校变成"读书场景"，这种优化的场景就是"全学科阅读课程"，这种课程通过着力于阅读过程的完整性、阅读视野的全面性、阅读思考的深入性，培养青少年的高阶思维能力，促进学生人文素养、科学理性、技术实战、艺体素质的整体融通性生长。

知识易得，习惯难求

有这样一句话："播种思想，收获行动；播种行动，收获习惯；播种习惯，收获性格；播种性格，收获命运。"习惯在学生的发展中发挥着重要作用。在一个知识易得的时代，我们缺少的往往是能够影响命运的习惯。千金易得，习惯为什么犹如稀土一般极其稀缺？首先，教育人对习惯养成的重视程度不够；其次，习惯的种类很多，有的学校甚至列出了影响学生成长的99个习惯。第三，习惯养成需要累积，十年树木，百年树人，习惯养成也需要时间来催化。基于以上主客观原因，习惯成了教育的稀缺元素。

习惯是微小的，是在小事情中孕育的。"勿以善小而不为，勿以恶小而为之"提醒人们不要忽略"小"的作用。这种小可能是0—1的跨越，是质变的基石。《拆掉思维的墙》一书中提出"微量开始，超额完成"，也就是我们需要把大事变小事，把复杂拆成简单，这样学生才可能"入戏"，逐渐养成习惯，最终在不经意间完成目标，甚至超出极限。

习惯要从小处开始。我们从小事做起，让事情变成有意思，有意思比有意义有时更能驱动人的发展。我们要把宏大的计划定小一点，小到你可以自主完成，小到你毫不费力的掌控。当然，比小更重要的是做。把小的事情坚持做，这就形成了习惯。习惯是我们赋能增值、超越自我的中间变量。我们需要从事情过渡到习惯，再进行超越。因此卓越的配置里应该有诸多好的习惯：① 早的习惯——主动规划；② 预备习惯——预则有立；③ 思的习惯——思则有进；④ 复习习惯——三省其身；⑤ 读的习惯——培植语感；⑥ 写的习惯——练表达力；⑦ 草稿习惯——暴露逻辑；⑧ 笔记习惯——认知结构;⑨ 限时习惯——惜时意识;⑩ 观察习惯——格物致知……

习惯要有坚持。雨果说:"想象是伟大的潜水者。"这句话道出了想象的抽象和莫测,我想借用这句话,习惯也是伟大的潜水者,它的形成不是一蹴而就的。有人说:"我们经常会高估某个决定性时刻的重要性,却低估累积效应,如果你每天都能进步1%,那么一年以后你将进步37倍。"一个习惯没有养成,或者迟迟不肯浮出水面,那是因为时间不够、积累不够、刺激不够。习惯形成犹如记忆形成一样需要反复训练,有刺激才有反应,有反复的刺激,才有不断反应,从而形成习惯。格拉德威尔在《异类》一书中提出"一万小时定律":一万小时的锤炼是任何人从平凡变成世界级大师的必要条件。实际上,人人之间最大的差异不在智商,而在坚持,我们需要培养学生的这份坚持和韧性。

习惯要从起步年级开始。初高中转变不应该是简单重复,而是一次学法、认知、思维的深度转型。最为重要的是,高一年级是厚积基础之年,养成习惯之年,而习惯又是无形的,长远的,容易被教师和学生忽视。因此,笔者认为三年最重要的应当是高一,因为高一需要养成的是习惯,高三是收获习惯的红利;因为高一没做好,所以高三才更难。我们应该从高一开始"抓娃娃",抓习惯的养成,用三年去成就影响终身的习惯。

教育应当赋能,我们不能只是授之以鱼,我们应当授之以渔,这种"渔"的能力就是习惯。《如何让孩子成年又成人》一文提出避免孩子成为"巨婴"的方法的分四步:第一步,我们为你做这件事;第二步,我们和你一起做;第三步,我们看着你做;第四步,你独立完成。在这个过程中孩子一旦养成习惯,我们就可以大胆放手了。

拥抱技术,赋能教育

人类社会经历了三个时代:农耕时代、工业时代、互联网时代,近年来我们迈入了人工智能时代。面对技术的日新月异,我们应当如何应对呢?经济学家泰勒·考文在《平均时代的结束》一书中说到,随着机器和数字时代的来临,那些简单劳动领域的人们正面临前所未有的失业压力。只有那些在某个领域中拥有绝对权威和技术的人才会生存下去。这就是技术权力,技术成为现代人的基本技能,现代人的技术素养关乎人的生存能力和幸福指数。

在技术不断更迭,人工智能不断兴起,脑机接口初见端倪的时代,教育向何处去?学校还存在吗?教师还有吗?人还需要学习吗?人的学习内容是什么?教育的一些瓶颈,比如因材施教能否实现?

教育可以保持定力,保持传统教育的"本色"吗?教育有不变的因素,比如教育指向人,赫尔巴特认为教育有两种可能的目的:将来从事职业有关的目的和教育达到最高和根本目的——道德,但是随着社会各个要素的不断变化,教育的各种因素也需要与时俱进,比如,教育目标、教育对象、教育技术、教育理念和教育内容。教育工作者需要心怀社会变化不可逆之态度,重新设计课程,培养学生的适应能力和多样化才能。不仅如此,我们还要重新设计教育的方法路径、教学策略、评价方式、作业形式、组织形式和教学环境等,把技术带入各个环节,让技术赋能教育。因此,杜威认为,如果我们教今天学生的方法和教过去学生的方法一样,那么我们就剥夺了他们的明天。教育需要与时俱进,教育的未完成性、未来性、技术性、学术性、超学科性、实践性和艺术性的特征，需要教育工作者以可变的心态，去面对教育。我们要拥抱技术、运用技术、开发技术，用技术补偿传统教育不可能完成的内容。

技术是万能的吗？技术能够把人完全剔除吗？有人说，物联网的目的在于将低效率的人类媒介从技术循环的回路中去除。物联网技术会先接管一些重复性的(非思维性的)、物化的(非情感性)、单线程的(非综合性)的运用场景。在教育领域里，学校可尽量利用信息的技术把我们低层面的东西交给学生去自学，这样教学就实现了学习的翻转，课堂可以聚焦高阶的思维问题、挑战性任务、引领性主题和实践性任务等等，从而实现课堂高阶能力培养。比如，学校可以通过微课平台，将低阶性的知识以微讲座、微课堂的形式投放给学生，让学生哪里不会点哪里。学校可以通过大数据精准投放作业，实现学生作业的"私人订制"，实现哪里薄弱补哪里。学校可以通过虚拟实验平台，呈现一些复杂的、长线程的、不确定的实验，让学生"身临其境"。

技术如何赋能教育？教育不能完全依托技术，教育是人的教育，教育指向人，柏拉图说过一句话："教育非他，乃心灵的转向。"苏格拉底说："教育的本质是点燃、鼓舞和唤醒。点燃的是一把火，鼓舞的是更加自信，唤醒的是孩子心灵中的真、善、美。"因此，教育不仅是一种知识的启蒙，即学知明理；也是是一种方法的启示，即学知明法；还是一种思想的修养，即学知悟道。教育有情感因素、有本我要素、有心理元素，乔布斯说："技术本身是不够的，技术与艺术和人文学科联姻，方可唱响我们心中美妙的歌。"因此，技术不能取而代之，但教育与技术的联姻，应当是天作之合。教育可以利用技术的跨时空性、无边界性和泛在化特征，实现教育的时空重构；教育可以利用技术的大数据精准性，实现因材施教；教育可以利用技术的仿真性和低成本性，实现教育的具身实践，让学生在"课中看，课中做，课中实践"；教育还可以利用生成式人工智能和可学习性，实现反馈的个性化和及时性，形成教学闭环，提升教学的科学性。

未来教育可能的样子是什么？《回到教育的未来》一书中提出："我们对未来的思考大多是线性的，是基于对现有趋势的延伸。但趋势有时缓慢，有时开始,有时曲折,有时中断。"有学者提出,教育领域的前瞻思维发展相对不足,教育的基本特征是需要很长时间才产生溢出效应。无论是从预测的方法的局限性维度,还是从前瞻性思维不足的维度考虑,教育往往具有滞后性,但是教育又需要具有未完成性和超越性的特征。我们未来的教育应该是什么样子?技术又是何种角色?从演化趋势来看,我们的教育演化顺序是一支粉笔→一个模型→一个 ppt→一个平台→一个智能体。技术时时刻刻都在教育者身边,当下的技术进入发展的快车道,我们更要拥抱技术,让技术赋能,不能让技术颠覆。若教育是"环境＋教师＋技术＋教育＋学科"的组成结构的话,我们也可以把技术放在 C 位,让技术去串联、去迭代、去生成。用技术的"变"去实现教育的"不变"。在技术的加持下,有学者提出未来教育的样态可能是"以学校为中心,无边界、无权威、无控制、泛在化"的状态。技术摆脱了学校在教育中的唯一性,知识变成了易得的内容,教育要向思维、能力和情感转向。技术打破了教育的边界。多师课堂,生本课堂,得以实现。新建构主义提出的教育的样子:① 竞争教育要变成共生教育,需要通过大规模的网络协作学习实现;② 量的教育要变成质的教育,需要基于个人兴趣和问题解决需要的自发学习,需要学生哪里不会点哪里,教育进入根据精准的滴灌时代;③ 有目的的教育要变成有意义的教育,如何让知识具有个人的价值和社会价值,教育进入个性情感体验时代,可以通过 AI、AR、VR 等方式实现;④ 群体的教育变成个体的教育,实现教育的因材施教,需要"零存整取"的教育形态,通过资源库、大数据的累积,实现大数据精准教学(见图1)。

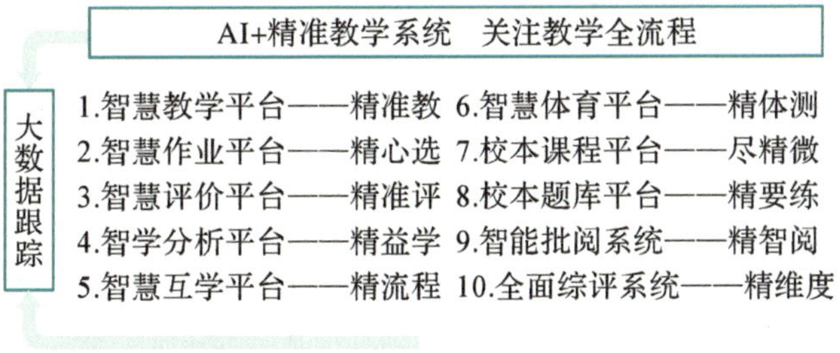

大数据跟踪	AI+精准教学系统　　关注教学全流程
	1.智慧教学平台——精准教　6.智慧体育平台——精体测 2.智慧作业平台——精心选　7.校本课程平台——尽精微 3.智慧评价平台——精准评　8.校本题库平台——精要练 4.智学分析平台——精益学　9.智能批阅系统——精智阅 5.智慧互学平台——精流程　10.全面综评系统——精维度

图 1　AI＋精准教学系统

总之，在技术面前，我们要防止被技术颠覆，也要防止踯躅不前。社会发展的新质生产力来自教育的新质专业力，教育工作者需要全副武装，也就是要具备"新教材—学习力；新课标—研究力；新技术—信息力；新课堂—创新力"。这样，我们才能充当教育的"鸭先知"，才能带领学生走向真理，实现学生情感的转向。新时代的教育应当建立以立德树人为出发点，以育人方式为发力点，以新技术赋能教育为支撑点，以建立教育自信为落脚点的运行逻辑和行动计划。

"深度求索"时代，教师如何"上下求索"

  2025年的中国，DeepSeek的出现犹如一声惊雷，让这个时代进入了技术的"百年未有之大变局"。为什么这个技术如此重要？因为这是一种底层技术，基于这种技术会不断生长出千万种新的业态，犹如18世纪蒸汽机的发明，19世纪电力的发明，20世纪信息技术的进步。也就是说，未来社会、业态、生活将和人工智能深度绑定，我们需要尽快跳出传统思维。其次，人工智能技术精髓在于"智能"，千百年来人们就知道工具的重要性，人能够利用工具人为地认识自然和改造自然。工欲善其事，必先利其器，千百年来我们对工具的改造局限于"物化"层面，机器的功能是单一的、局限的、无意识的和可控的。人工智能技术的出现让人类赋予机器"生命"，这种赋予让机器不仅是物体，而是"人与物"的结合体，比如未来的脑机接口和机器人等。这种"人物结合体"，不仅具有知识，还可以和人类互动，可以和结合体互动，可以感知人的情绪，在结合体面前人会变得"幼稚起来"，人类社会慢慢地从"人看机器"过渡到"机器看人"的时代；这种"结合体"会不断学习，它的迭代速度惊人，在人类的存量面前，人工智能还稍显幼稚，但是人工智能的裂变式生长要快于人类，在增量和趋势面前，人类是否会变的不堪一击？我们不得而知，我们知道的是"潘多拉魔盒"已经打开。

  教育具有未来性，我们教育所为之设计的社会已不复存在，低年级学生毕业后又落后社会了。心怀社会变化不可逆之态度，重新设计课程，培养学生的适应能力和多样化才能。教育是面向未来的，未来是什么样子的？我们不得而知,因此,最好的教育是什么?能让孩子正确面对一切不确定性,应对这种不确定性的钥匙就是发展孩子的关键能力,而不是知识的数量。教育家皮亚杰说:"教育的目标不是去增加知识的数量,而是为孩子的发明和发现创造可能,塑造能做不一样事情的人。"也就是说,当下教育更加关注学生的关键能力,这种关键能力是综合能力,包括思维能力、共情能力、合作能力、实践能力,当然也包括技术能力等。联合国教科文组织提出现代教育培养学生的五个支柱:学会认知、学会做事、学会合作、学会生存和学会改变,这些综合能力已经不是传统教育修修补补的改良就可以实现的了,传统的教育已经落后于时代了,教育应当走在产业的前面,产业已经深度变革,新智生产力的提出就是一个信号,因此,当下的教育也需要进行行业革命。新课程提出了"增值性评价",要想实现教育的增值,教师首先要增值,"教师不提高,学生提不高;技术不升级,教育上不去"。这个时代教师应当学技术,唯有教育技术+智能技术的双双加持,教育才能进入发展快车道,解决教育的个性化问题,解决"生有涯"和"学无涯"的问题,教育才可能实现"量的教育要变成质的教育"。

当下,教师的技术态度是什么?

第一,技术的到来,使社会逐渐变成教育全天候的场域,教育的场景发生了翻天覆地的变化,家校社区一体化,线上线下交融,人和机器互动,都是教育新业态。丹麦《日托关爱法案》提道:"我们从来不是直接进行教育,而是间接进行教育;教育的目标是创建有利于孩子学习的环境,而非教孩子。"面对这样的教育场景,学校和教师要关注这种场域的变化,把各种教育场域串联,实现未来教育的无边界、泛在化。教师的作用不再是知识的传递者,而是学生学习的倾听者,要素的串联者,平台的构建者。

第二,技术的到来,让学习由"课堂中心化"变成"课堂多样化",教师不再是影响学生的主要因素,未来课堂可能变成"人工智能+教师"的双主导因素,人工智能优势在于"虚拟现实性、知识的遍历性、思维的多维性",教师的优势在于"情绪的感知性、思维的独特性、生成的敏捷性"。人工智能和教师两种因素在课堂里要充分利用自身优势,让学习更加具有实践性、探究性、情境性和深度性等。有了人工智能在课前、课中、课后全程主导,教师实现了"部分解放",可以更多关注学生情感体验、关键能力等核心指针;教师的课堂可以翻转,课前低阶问题的自我研究的自学,课中高阶问题的相互研究的互学,课后延展问题的深度求索的共学变成可能。《可见的学习和学习科学》中提出"学生看中知识渊博且能干的老师,拒绝从无能的成人身上学习知识"。未来的教师虽然拥有一些知识,但在知识易得的时代,这些已经不能满足"学生应对未来不确定性的要求"。新时代教师要解放思想,要拥抱技术,用技术去赋能教育,否则教育将会被技术颠覆。

第三,技术的到来,让教育更加精准。千百年来,教育停留在经验主义时代,缺少教育科学应有的"假设后的科学询据论证""基于实验数据分析后教学矫正"等过程。教育指向的是人,我们的课堂却时而忽略"每一个"。马克思说:"没有一个人跪在世界之外。"这句话反过来说,所有人都站在世界之内,学生都具体存在于课堂之内,学生有不同的学情,包括情感、认知、知识、动力和兴趣等,教师如何走进学生的世界?这就需要人工智能技术的支撑,让教育更加精准和增值。教育的精准依赖于大数据的支撑,大型咨询机构麦肯锡提出了"做正确的事,就要发现真实的问题,要获得真实的数据"。教育过程要无声,但教育也要留痕,我们要依据教育之印记,去挖掘学生成长的"卡脖子"问题,没有了教育的数据支持,教育只是停留在经验主义和行为主义时代,有了数据的支持教育就会进入了科学和人本主义时代。教育需要数据,更需要数据流和数据链,从一节课到一门课程再到学校教育体系都应该是可以相互印证、丝丝入扣的关系,从一节课来说,应当包括"目标-教学-评价-作业-评价-反思-矫正"这些因素,且这些因素应当循序渐进,缺一不可,这些过程的实现需要大数据和人工智能技术的支撑,这样才不会使得教育脱钩断链。

人工智能时代,教育人要主动"求索"教育的新样态,要把机制建起来、平台搭起来、技术加进来、数据联起来、智能用起来,未来不是我们要去的地方,是我们创造的地方,我们虽然不能预测未来,但我们可以基于当下,学习技术、升级教学,用教育的数据云去推动另外一片云,教育未来可期。

科技文化融合创新
推动科学教育多样态发展
——南京师范大学附属中学科技文化节

习近平总书记指出,要在教育"双减"中做好科学教育加法,激发青少年好奇心、想象力、探求欲,培育具备科学家潜质,愿意献身科学研究事业的青少年群体。学校全面贯彻党的教育方针,秉承"大科学教育"理念,以科技文化节为载体,探索"科学教育加法"实施路径,提出"科学+人文""科学+实践""科学+研究""科学+工程""科学+融合"等融通理念及教育策略,进一步营造科学文化氛围,全面提升学生科学素养。

科技文化节(Science & Arts Carnival,简称 SAC)是我校一年一度的科技盛宴,至今已成功举办十四届(如图1)。经过多年的实践探索,科技文化节的形式和内涵不断丰富,每年开展横跨文、理、体、艺、技术、心理、综合等众多领域的竞赛、展示、体验和讲座(见图1)。

图1　科技文化节时光之旅

一、科学＋实践：在学科实践中培养科学素养

科学探究实践在培育学生科学素养和创新精神中具有独特价值,科技文化节以"做中学""学中做"为理念,将科学与实践相融合,突出实践体验和探究,以"激发兴趣、强化实践"为特点,将趣味性、科学性和实践性相结合,推出与科学知识密切相连的多元多维趣味学科实践活动,让学生在参与活动的过程中,激发科学探究的好奇心,积累科学实验的经历,体验实践求知的乐趣,从而养成科学思维,掌握科学方法,强化实验能力,提升科学素养。近年来,各学科组群策群力,贡献智慧,不断开发学科趣味实践活动,为科技文化节构建了丰富多彩的实践活动体系,如数学学科推出"我是符号王""数独锦标赛"等活动,让学生在游戏中活用数学,激发数学创意;物理学科推出"水火箭""鸡蛋撞地球"等活动,让学生动手自制实验器材,创新设计物理实验,让枯燥的物理公式在实验中活灵活现;化学学科推出"离子检验比赛""趣味化学实验"等活动,让学生在竞赛中锻炼化学实验技能,提升实验素养;生物学科推出"生物体形态结构识别大赛""校园植物趣味越野"等活动,让学生在实践中加深对生物结构、细胞形态的认识,激发对生命、自然的敬

畏和热爱等。科技文化节让学生畅游于广阔的学科海洋,让知识跃然于活泼的趣味实践(见图2)。

数学——"数独锦标赛"活动　　物理——"力学结构"活动

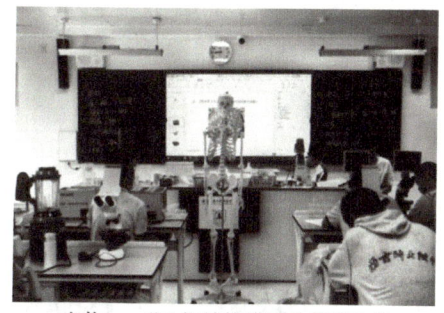

生物——"生物结构辨别大赛"活动　　化学——"离子检验"活动

图2　科技文化节学科活动

二、科学＋研究:在研学探索中树立科研志向

为推动学生探索科学、体验科研,培养学生像科学家一样思考和研究,科技文化节开展"以研促学"项目,将研究融入学科活动,为学生创设体验科学研究的机会,搭建展示科研成果的平台。每年科技文化节,学校组织高一年级全体学生开展优秀研学项目交流会,将研学活动与学科内容进行深度融合,学生分享研学经历,校内、校外"双导师"对研学课题进行深入指导,为下一阶段研究指明方向。同时,学校也会组织高二年级全体学生开展研究性学习优秀论文答辩会,对课题组两年以来的研究成果进行展示与汇报,展

现附中学子的研究能力及论辩风采(见图3)。从2024年起,学校将高层次研学项目——"紫金计划"纳入科技文化节研学项目体系,开展"紫金计划"项目结题答辩会,邀请中国科学技术大学专家教授担任结题答辩会评委,同时开展高端科普科技讲座,带领学生们开拓视野,触摸科技前沿,感受科学家风采,将"科学家精神"内化于心(见图4)。科技文化节研学系列活动以交流会、答辩会的形式引导学生积极分享研究过程中的困难与收获,研究方法的学习与应用,研究成果的探索与创新,让学生了解科研、感受科研,学习科学研究的思维与方法,培养严谨治学的态度与精神,从而在科学观念与运用、科学思维与创新、科学探究与交流、科学态度与责任等各方面得到全面提升。

图3 科技文化节——校级研学、"紫金计划"交流报告会

图 4　科技文化节——"科学家进校园"专家讲座

三、科学＋工程：在工程实践中提升创新能力

工程教育是"大科学教育"的重要组成部分。技术与工程实践强调创新和创造，有助于培养学生应用知识与解决问题的能力，是加强科学教育，建立科技拔尖创新人才培养长效机制的重要支撑，也是播撒创新种子的关键举措。学校以科技文化节为依托，统筹科学教育与工程教育，积极开发信息技术、通用技术等学科的育人价值，将工程实践、技术制作引入项目活动，让学生体验技术实践，感悟工程思维，在项目实践中锻炼动手能力，培养问题解决能力，提升科技创新综合素养。目前，科技文化节已开发了多元丰富的工程类项目活动，如基于软件编程的"机器人热舞"让学生体验机器人控制的技术与方法；基于智慧网络的"智能家居项目"让学生感受 AI 时代下的万物互联；基于机械设计的"投石机大赛"让学生融合运用物理知识，锻炼创新设计能力；基于电子控制的"爬绳机器人"让学生运用电子电路知识设计控

制电路；此外，还有综合创新类工创项目"擂台机器人"，让学生自主设计制作机器人参与格斗、拔河等比拼。通过这些项目的体验和实践，学生将科学知识融合运用于工程实践，将知识内化应用，解决实际问题，提高科学思维的同时培养工程创新能力，并在机械、电子、编程、控制等工程技术领域打下坚实基础（见图5）。

机器人舞蹈  　　　　　　　　　"擂台机器人"大赛

"投石机"大赛 　　　　　　　　"爬绳机器人"大赛

图5 科技文化节——科创活动

四、科学＋人文：在素养融合中获得全面发展

新时代的拔尖创新人才应是一种综合型、复合型人才，科学教育不但要关注学生理科知识、理科思维的培养，更要注重不同学科的交叉融合，打破边界，相互融通，才能引导学生多角度观察现象，思考问题，才能更好地促进学生科学素养、人文素养、艺术审美和道德品格等各方面的均衡发展。学校

第一章
融合教育的价值思考

科技文化节秉持"立德树人、全人发展"的原则,在原有科学、科技主题活动的基础上,不断丰富内涵、拓展外延,将文学、戏剧、法学、医学、艺术、体育和心理等多学科领域纳入活动范围,形成指向科学素养、人文素养、心理品格、审美能力和社会责任等多层面素养的综合融通的科技文化盛宴,如在人文素养方面,开展"红楼知识大赛""科技论文创作大赛"等活动,提高学生文学表达和审美能力;在心理品格方面,开展"当心理学与科学相遇心理学科普展""自我放松大挑战"等活动,提升学生心理调节能力,培养良好心理素质;在社会责任方面,开展"法庭进校园""美丽中国摄影展"等活动,提升学生法律意识和爱国情怀。科技文化节通过多学科活动的百花齐放,让学生在多领域之间自由穿梭,领悟跨学科思维,培养跨学科学习能力,在科学世界徜徉之余,领略文学深蕴之美,感受艺术创作乐趣,在素养融合中获得全面发展(见图6)。

"话剧会演"活动 　　"法庭进校园"活动

"美丽中国摄影"活动 　　"医学体验营"活动

图6　科技文化节——多元活动

未来，科技文化节将继续探索"科学+"模式，不断优化活动体系，完善内容架构，形成融合化、主题化、系列化和课程化的，全学科渗透推进的具有附中特色的高层次活动平台，实现学校科学教育的多样态、高品质发展。

第二章 融合教育的创新发展

重构学习空间,构建创意学习共同体

创新人才的培养不仅需要公平享受教育的权利,更需要优质的教育资源,然而大部分学校只是简单地将学生、教师、教材通过围墙聚拢在一个共同的时间和空间内,这种普遍的、形式化、表面化的物理式组合严重忽视了学习的内在本质,导致教育生态割裂化、课程资源浅质化、教学方式表面化和评价方式单一化。我们需要尝试重构教育内容,将学习设置在更为广阔和开放的社会历史体系和时空范畴中,构建"和而不同"、持续发展和不断改进的生态体系——创意学习共同体。该共同体应该以"培养创新后备人才"为共同目标,强调学习主体性,每个人都是资源的提供者、创造者、体验者和表达者,鼓励师生共同分享学习的乐趣,共同寻找通向知识的旅程,共同理解世界运作的方式,共同创想、创作、创造,在有效组织和交互影响中实现智慧生长,创意提升。创意学习共同体可依托学校现有的条件,融合各种现代技术元素,让技术改变教育。

在平台建设中,我们可以借助现代信息技术和大数据平台创建全e教育生态动力系统,依托工程创新基地、省级人工智能课程基地搭建STEM创客平台,重构学习空间,实现开放的时空平台和交互的分享渠道,使个体既是创意的终端也是创意的来源,使成员之间、成员与资源之间网状联结,有效贯通。

在课程资源构建中,我们可通过组建各学科微课教学设计小组,实现贯通性微课研制,建设全景微课资源库及共享课堂,让教学翻转,让学生哪里不会点哪里;我们可以通过国标课程与国际课程的比较研究,优化校本科类课程内容，实现国内外融通；还可以通过引入大学的相关学科的网络精品课程，联通高校，扩展课程外延，多方联动，丰富学习资源，让优质资源由稀缺变成共享，使教师与学生在民主、平等的状态下逐渐成为学习资源的"重构者""创造者"，共同进行传统碎片式学习资源的重建构，优化学习活动；

在教学实施中，我们可以通过整合教学目标，关注教学评一致性，关注教学整体性，通过"简单问题深度思考"的教学要求，让学生由个到类到万物，通过突出项目学习，实现以素养为本的大任务、大主题单元设计，引导学生系统思考，深度学习，重整知识框架，提升学科素养和综合素质，使教学朝着"以生为本、以学定教、教学生学、为学习服务"的方向转变，让学习是基于"自主、合作、探究、反思、体验、实践"等活力因子积极作用的学习。

在评价实施中，我们可以通过广泛研究国内外现行的各种优质评价系统，遴选各阶段评价要素，发挥评价赋能和增值的要素，构建校本化的评价方案，增加表现性评价和过程性评价的比重，同时探索增值性评价方法，不断完善学校综合评价体系，为拔尖创新后备人才的培养提供多维指标引导，优化成长路径，以多元学习评价给所有学生发挥个性、发展特长的机会，使学生乐于表现，勇于创新，敢于突破。

学习具有创造性，教育是教师带着学生走向真理的一项富有创造性的一项高智力活动，拔尖创新人才的培养的特质是"创新"，教师用创造性的劳动带着学生创造性学习，需要有学习场域的创造性，创意学习共同体是颠覆流水线机械式学习，形成创造力的必然路径。唯有共同学习才能让师生在和谐发展、开放畅通的学习体系里自由成长，高效提升。

高品研学，双高协同贯通人才路径

一、当下教育存在的问题

当下教育仍然存在一些背离教育本质的问题：教和学的关系还没有很好的厘清；重教轻学、教而不学、多教少学、以教定学题；学生的学习都是在课堂里听、看、想，缺少其他场域的学习，缺少实践、合作、试错和探究的过程。这样的学习是教师替代的"阉割"式学习，这种"精包装"的学习，将使学生失去"学习之欲"，学习沦为接受、装载、坐听，而"欲"是学习者之所欲也，所谓授之以鱼不如授之以渔，更不如授之以欲。这就需要教育工作者要转变教和学的关系，只有通过"研究之法去学"，才能高效发展"学习力"。

当下教育也存在学和研剥离的现象，也就是学在课堂，研在课外。学是家常饭，研是奢侈品。学是必修课，研是鸡肋，无人问津。研学本是一体，古人云："学而不思则罔""行也是知之成"，也就是说学问中应当夹着思考，伴随着实践，这样的学才是真学。因此，教育工作者要让研究透进课堂，照亮教学，让课堂"研"起来。经济学家茅以轼提出"以问题发现的方式去教，这是教育的根本遵循"。那么问题发现的方式是什么呢？当然包含着"观察、质疑、假设、批判、探究、实践、推理、归纳、合作"等科学要素，这些都不是坐而论道所能企及的。因此，当下我们的教育需要的是改变课堂的样态，变教师教为学生学，变坐着学为动起来学，变一个人学为互学、共学、群学，变课外研究为研究遍及课前课中课后，可以是课前小问题自研式学习（小问题驱动式自研模式，培养自主学习能力），课中为中课题互研式学习（中问题遍历式的互研模式，发展合作能力），课后大课题共研式学习（大问题项目式的共研模式，提升实践能力）。教育即生活，同样学习即研究，二者密不可分，教育工作者不能让研究成为奢侈品、舶来品，束之高阁，偶尔拿来一用。

当下教育研学还存在着形式大于内容的问题：研究课程的课时捉襟见肘；研学主题的选择，教师代替学生去选；研究过程的实施，一做而过；研究结论的提出，一目了然；远远达不到新课程所倡导的"引领性主题，挑战性任务"的要求。学生没有接受过大项目、超项目的挑战，就不可能感知科研的艰辛与不易，也不能知晓科学研究所需要的坚韧和逆商，更无法与教师共情"科学家精神"的伟大。感情是培养出来的，价值观也是慢慢生长出来的，没有身体力行的具身实践不可能形成科学家应当拥有的"勤学笃行、求是创新"的躬耕态度和"胸怀天下，以科学求索未知"的弘道追求。

二、研学是学习的本然

有人说，没有爱就没有教育，没有兴趣就没有学习，没有活动就没有成长。我认为，没有研究就没有学习，也不可能有成长。当下的教育需要把研学请进课堂，教师在课堂中的任务应该是点火、激发、摇动，尽量留白，做到不愤不启，不悱不发。

教育必须具有前瞻性和引领性，因为当学生毕业时我们教育所为之设计的社会已不复存在，学生毕业后可能又会落后社会了，所以教育工作者要心怀社会变化不可逆之态度，重新设计课程，重新定义学法，培养学生适应未来的能力。约翰·杜威说："如果我们用过去的方式教育现在的孩子，就是在剥夺他们的未来。"因此，教育需要主动求变。2020年，OECD发布报告《面向未来教育：未来学校教育四种图景》，描述了未来20年学校教育包含以下三个场景："学校教育扩展、学校作为学习中心、无边界学习"，表明教育要改变学习场景与样态，不能拘泥于课堂教学。有学者说，基础教育培养创新意识，高等教育培养创新能力，那么，能否让有潜质的拔尖创新后备人才在基础教育阶段就能接受科学研究的熏陶，让学生既有创新意识，又有创新精神，还有创新思维和能力呢？这就需要学校提供高品质的研学内容。

三、高品质研学探究

研学不仅是学生初步掌握未来"研究之法"的路径，更是当下实现学生"学习之法"变化的途径，这种学习样态能更好地实现学习的"融合化、探究化、合作化、实践化"，提升学生思维水平、研究能力、探究兴趣和认识水平，也能提升学生理解能力，从而实现理解的升级，也就是从"解释、阐明、应用"到"洞察、神入、自知"的转变。学校可以系统设计研学课程。首先，可以将研学和日常学习贯通，在课前倡导将小问题进行自研式学习（个学模式），实现课堂翻转；课堂鼓励进行课内小课题的互研式学习（互学模式），实现深度学习；课外尝试进行大课题的共研式学习（共学模式），实现学习的内容的遍历。其次，学校可结合新课程倡导的"引领性主题、挑战性任务、系统化问题、核心化概念"，将大研学课题向课堂、课外拓展，向初中、大学延伸，建设"上承初中，下启大学"的纵向贯通式高品质研学，用研学模式贯通初高和双高，让学生在思维品质、学习方式、精神品格上做好两次衔接，而不是当下很多人只在意的"知识的衔接"，这样才能让学生两次完美转型，实现软着陆，避免"学习不适感"，从而产生"顿挫感"。

高中教育犹如一座桥，架起了基础教育和高等教育的中间地带，桥墩的厚度和桥面的宽度决定了学生未来在创新领域的发展前景。因此教育工作者需要改变学习样态，通过提供有挑战性的、不良结构的、真实情境的、科研相关的和多学科交叉的问题让学生去研究、去合作、去实践、去试错、去感悟、去竞技，通过学生仿真的"研"，去实现真实的"学"。

教师应该设计创新课程带领学生去研，引领学生去探，笔者所在学校给初三毕业生精心打造了"科学盒子"线上课程。"科学盒子"是一款探究性学习教具集成包，基于精心研发的科学课题，打造了专属于学生的便携式微型实验室，每套盒子都有基于课程配套的线上课程和特制教具。学生 4 人为一组，进入搭建完善的在线学习平台，通过观看教学视频，学习课题相关的知识和实验操作技能，完成课题探究。开学后学校对学生的课题研究成果进行评选和成果汇报，并制作成果集。"科学盒子"课程通过趣味课题、辅助课件带领学生体验自主学习，合作探究，极大地激发了学生的好奇心和求知欲，更新了学生初中时惯用的"听课—记笔记—做作业"的旧有学习模式，让学生以全新的心态、姿态进入高中学习。这犹如一个"潘多拉魔盒"，打开了学生从低阶学习到高阶学习通道，唤醒了学生的求知欲，激发了学生好奇心，引导学生对简单问题进行深度思考。我们还积极探究院校联动的高层次研学培养模式，与中国科学院合作达成"中学生'紫金'科学探究计划"合作协议，为学有余力、科研兴趣浓厚的学生创造走进大学，在著名科学家指导下参加科学研究项目、学术研讨和科研实践等活动的机会。学生在校三年，通过贯通式、沉浸式的研学实践，提升的不仅是知识和技能，更是面对未知矢志不渝、上下求索的探究精神，在此基础上学生的问题意识、实践能力、合作精神均得到提高，创造性思维得以培养，创造性人格得以养成。

  百年大计教育为本，教育大计学法为要，学法大计研究为根，离开了研究的教学是没有深度的蜻蜓点水式的学习，学生对问题的理解不能遍历和通透，必然是学艺不精，所学知识也只是脆弱知识，也就是惰性知识（无法迁移运用）、幼稚知识（未实现真正理解）、模式化知识（不能灵活应对）。同样，离开了高品质的研学，学生坐而论道的假研究，可能会使学生缺少"真情实感"，这样的离科学很远的低质量研学，甚至有可能对学生产生错误引导，使他们在错误的道路上一路狂奔。

探索新纪元：HPS教育引领科学素养新风尚

面对百年未有之大变局,21世纪亟须的不再是墨守成规、思想僵化的人,而是具备独立思想、创新精神和创造能力的时代先锋。2016年发布的《中国学生发展核心素养》明确指出,中国学生发展的核心素养,着重体现为学生应该具备的、能够适应终身发展和社会发展需要的正确价值观、必备品格和关键能力。然而,传统的教学理念往往过于重视知识的传授,教材内容的讲解和记忆成为教学的重点,对学生科学素养的培养有所欠缺。

为探寻培育学生科学素养的新路径,我国展开了诸多积极探索,一些教学理念与教育模式也渐受关注,其中HPS教育便是典型代表。HPS教育是一种以建构主义为理论基石,将科学史(History of Science)、科学哲学(Philosophy of Science)和科学社会学(Sociology of Science)有机融入科学教育,旨在促进公众理解科学本质的一种新的教育理念。HPS教育的思想渊源可追溯到17—18世纪的启蒙运动,历经斯宾塞、马赫等人的理论建构得以不断完善,并于20世纪后半叶在全球范围内引发广泛关注。

HPS教育的核心要素涵盖科学史、科学哲学和科学社会学。科学史主要聚焦于科学的产生、发展和历史变迁。"科学史之父"萨顿认为,科学史是获得实证知识和人文素养的重要渠道。《普通高中生物学课程标准(2017年版2020年修订)》在教学建议中明确提到"注重生物科学史和科学本质的学习"。《普通高中物理课程标准(2017年版2020年修订)》多次强调,教师要引导学生结合物理学史认识实验探究与科学思维的结合对物理学发展的重要作用。《普通高中化学课程标准(2017年版2020年修订)》建议教师要结合人类探索物质及其变化的历史引导学生形成化学学科的核心观念。科学史在新课程改革中的重要性可见一斑。

各学科教材紧跟课标要求,设计了丰富的科学史学习版块。以人教版教材为例,《高中数学(必修1)》在引入"无理数"概念时讲述了古希腊毕达哥拉斯学派发现无理数的历史故事。《高中物理(必修1)》在讲解自由落体运动时,详细介绍了伽利略对落体运动的研究过程,包括他的实验设计、对自由落体运动性质的探索等。《高中化学(必修1)》在介绍元素周期表时,阐述了门捷列夫发现元素周期表的过程和前人的研究基础等。《高中生物学(必修2)》在讲解孟德尔遗传定律时,详细阐述了孟德尔的豌豆杂交实验和他对遗传规律的发现。

科学哲学是一门从哲学层面审视科学的学科,主要研究科学的本质、方法、发展以及科学知识的性质和基础等问题。美国哲学家汉森指出,没有科学哲学的科学史是盲目的,没有科学史的科学哲学是空洞的。科学哲学与科学史相互依存,相互促进。不难发现,科学史在教材中并非孤立存在的,往往伴随一系列思考题。如化学教材在介绍元素周期表发现史时,会提出问题:"门捷列夫依据什么原则对元素进行排序?他的排序方法体现了怎样的分类思维?"学生在思考这些问题的过程中,能够学习门捷列夫从元素性质和原子量等多方面综合分析、归纳分类的思维方式,有效锻炼逻辑思维和归纳能力。学生对科学史问题的思考,涉及科学研究方法、科学理论评价等科学哲学范畴。针对科学史的合理设置疑问,能够引导学生从科学哲学角度对科学活动进行反思,促使学生的思维与科学哲学观点相互碰撞,进而加深对科学本质和发展规律的认识。

科学社会学致力于研究科学与社会之间的关系,其核心在于揭示科学发展的社会背景及科学的社会功能。科学的发展不能脱离社会背景而孤立存在,社会生产力决定了科学研究的上限,社会制度和政策制约着科学技术的发展方向,社会的文化和价值观会影响民众的科学态度和科学研究的氛围。邓小平曾说:"科学技术是第一生产力。"在历史的长河中,科技创新推动社会变革的实例不胜枚举——信息技术引发产业变革、医学进步延长人类寿命……各学科课程标准同样将社会责任作为重要组成部分,物理的"科学态度与责任"、化学的"科学态度与社会责任"、生物学的"社会责任",体现了国家层面对科学与人文关系的重视。例如,物理教材在讲解电磁感应、电磁波等知识时,会提及电话、手机、电势、卫星通信、互联网等通信技术的发展。这些基于电磁学原理实现的技术,极大地改变了人们的生活方式和社会的信息传播模式,进而促进全球范围内的交流与合作。当我们运用科学哲学的思维方式回顾科学历史时,必然要考量当时的科学背景和社会环境。可以说,科学史、科学哲学和科学社会学三者相互交融、不可分割,当我们在研究某一科学事件或现象时,三者的视角常常相互交织、相辅相成。

自 20 世纪 90 年代袁维新将 HPS 教育的理念引入国内,各界学者围绕 HPS 教育的理论完善以及 HPS 教育在物理、化学、生物等学科教学中的具体应用展开了广泛探索。随着新课程改革的持续推进,HPS 教育在我国教育界的地位逐渐凸显,有望在大中小学科学教育一体化中发挥更重要的作用。然而,目前国内 HPS 教育的研究在深度和广度上仍然存在不足。一方面,教材中的 HPS 教学资源相对匮乏,教师往往需要花费大量的时间搜寻和整理合适的教学素材;另一方面,HPS 教育在不同学段、不同学科对学生科学素养提升的具体机制和效果仍有待进一步探究。我国的 HPS 教育迫切需要更多的一线教师积极参与,共同推动新的课例开发与实践推广,为提升学生科学素养注入新的活力。

探寻社会议题融入科学课堂新径

杜威说:"教育即生活。"陶行知把这句话颠倒了180度。教育与生活有很多相似性,生活中融合着教育,教育里也带有着生活,教育源自生活,又高于生活。教师要善于把生活问题学术化,这样才能让学生感觉到教育的真切性、致用性;教师还要善于把生活问题教育化,这样才能让学生感觉到教育的深刻性、高雅性。教育家蔡元培把教育分成两个层面:一是"现象世界"的教育,服务于现实利益。另一个则是"世界观世界"的教育,应有一种超越于现象世界的追求,培养人的信仰和信念。教育只有来源社会,又高于社会,才能让教育有源头活水的活力四射,更有经世致用的实操,还有情感与认知转向的育人价值。然而教育经常喊出一些进行深度学习,培养批判性思维,培养社会意识、责任意识等口号,但落实在课堂里,有的时候却变成了一纸空文。"浅尝辄止,认知肤浅"往往是教育的后遗症。课程应当按概念理解的方式组织,许多课程设计的方法使得学生难以进行有意义的知识组织,通常进入下一主题前,只触及一些表面性的事实知识。我们的教育要避免玛丽·凯·里琪《可见的学习与思维教学》提到的"一英里宽,一英寸厚"的现象。美国学者大卫·珀金斯把学生知识掌握不到位的情况称为"脆弱知识综合征",包括:惰性知识,这种知识存在着,却不起任何作用;幼稚知识,这种知识看似明白,实则知之为不知;模式化知识,这种知识是机械的,不能在具体情境中活学活用。这些问题的形成往往是教育的肤浅和割裂形成的。

因此,教师可以对教材进行校本化、个性化改造,将带有科学背景的社会议题融进教育,从科学维度再审视社会议题,那必然有"横看成岭侧成峰"的意蕴。这样的教育一方面更有情境性,让学生有感而发,形成情感碰撞,从而形成价值观;另一方面可以引发思维跃迁,促进学生养成对简单问题进行深度思考的习惯,形成思辨式思维的能力,让学生看问题不再是浅尝辄止。生活多姿多彩,生活也孕育着教育,教育工作者需要重视"社会议题"的教育,这是融合教育的又一重要教育策略。

过去几十年,全球面临着诸多严峻挑战,如经济发展不平衡、全球气候变化、人口老龄化等。这些问题衍生出了许多紧迫且和日常生活息息相关的社会议题——人类活动是全球气候变化的主要原因吗?解决人口老龄化问题应侧重于延迟退休还是鼓励生育?在这样的时代背景下,我们的教育需要帮助学生理解这些社会议题,培养学生分析问题、提出观点、阐述理由、制定决策的能力和素养,使学生具备良好的现实生活能力,更好地应对未来的挑战。

社会议题是指在一定时期内,受到社会广泛关注、涉及社会公共利益、需要社会各界共同探讨和解决的问题。许多社会议题的表象背后隐藏着复杂的科学原理,只有深入解析并运用这些科学原理,才能提出行之有效的应对策略。2021年6月,国务院发布的《全民科学素质行动规划纲要(2021—2035年)》明确指出,具有分析判断事务和解决实际问题的能力是公民应具备的科学素质。我国科学素质建设由此站在了历史新起点,而教育作为面向未来的活动,其使命是培养学生成为具有社会责任感和创新精神,理性看待社会议题并能做出社会决策的公民。这一取向在各科的课程标准中都有所体现,《普通高中化学课程标准(2017年版2020年修订)》在学业要求中强调"能有意识运用所学的知识或寻求相关证据参与社会性议题的讨论",《普通高中生物学课程标准(2017年版2020年修订)》认为社会责任的其中一个方面是"学生应能够以造福人类的态度和价值观,积极运用生物学的知识和方法,关注社会议题,参与讨论并做出理性解释,辨别迷信和伪科学"。由此可见,社会议题融入科学课堂是教育的必然选择。

国内教育界对社会议题融入科学课堂的方式进行了初步探索，如议题中心教学模式、结构性争论模式等，为一线教师开展教学提供了有效参考。教师们也逐渐意识到社会议题对学生科学素养发展的重要性，并开始有意识地将其融入教学中。然而，教师们在议题选取、讨论指导和成果评估等方面仍然存在着一定的误区，这些误区可能会干扰社会议题的融入对学生科学素养的正向作用，甚至产生反效果。

社会议题的选取应当与时俱进。不同的时代造就不同的学生群体，他们的兴趣点和关注的社会议题也会随之变化。然而，教师可能会囿于已有的知识经验和既定的社会框架，给学生呈现一些他们不感兴趣的议题，而学生热衷探讨的议题，却未必能得到教师的充分重视。这样的讨论往往流于表面，难以产生有价值的成果，还可能会降低学生的学习兴趣。因此，教师在选择议题时，应洞察时代热点，充分了解学生。学生对什么比较感兴趣？二十年前，这个问题的答案可能是武侠文化、载人航天、高校扩招；十年前，答案变成了食品安全、互联网＋、汉服文化；而如今，答案又不太一样，人工智能、心理健康、国风动漫成了学生关注的焦点。那么五年后、十年后呢？如果教师墨守成规，用一成不变的眼光看待学生，那么他的课堂也必将落后于时代。

探讨转基因作物的利弊是基因工程应用中的经典社会议题，但近年来这一议题的讨论热度有所下降，甚至被认为"过时"了。其中的一个重要原因是，随着科学研究的不断深入，转基因技术的安全性得到了更广泛的认可，该议题的争议也就逐渐明朗了。相比之下，很多学生显然对合成生物学、基因编辑治疗罕见病等新兴且前沿的领域更感兴趣。教师应给予学生自行选择议题的机会，而不是想当然地把自认为合适的议题呈现给学生。如果学生在议题选择上感到迷茫，教师不妨给学生一个范例，为学生搭建思维的"脚手架"。为学生提供思考的起点，挖掘出他们真正想讨论的议题，同时也能避免讨论偏离主题。

社会议题的选取要有前瞻性。某些议题的舆论导向并非一成不变，其

第二章
融合教育的创新发展

社会开放度也在逐渐提升。过去,心理健康问题曾被视为个人隐私或禁忌话题,很多人对心理疾病存在偏见,不愿意公开讨论。如果孩子被诊断出抑郁症,家长和教师往往会因为社会偏见而对此讳莫如深,难以接受孩子患病甚至需要去精神科治疗的事实。而如今,随着心理健康意识的普及和社会对心理健康的重视,越来越多的家长和教师意识到,心理上的"感冒"就像身体感冒一样,可以通过专业帮助得到缓解。一些公益活动和媒体宣传也推动了公众对抑郁症、焦虑症等心理疾病的了解和关注,心理健康教育已经成为中学教育必不可少的组成部分。正如过去被认为不适合讨论的议题如今成为热点议题一样,教师当下认为不适合讨论的议题,未来可能来到聚光灯下,成为社会主流关注的焦点。

社会议题的融入须细水长流。教师需要意识到,让学生讨论社会议题并非公开课的作秀之举,而应实实在在地融入日常的教学环节。梅里尔·哈明在其著作《教学的革命》中提到,好的讨论使课堂圆满,不好的讨论使课堂失败。尽管大量研究表明,课堂讨论对学生的自主学习、团队协作、口头表达等能力有积极作用,但教师经常发现讨论的效果不尽如人意。学生要么干脆不参与讨论,要么无话可说,有的看起来讨论得热火朝天,仔细一听却发现讨论内容和既定主题风马牛不相及。在面对社会议题的讨论时,学生不知如何入手,也不懂得如何组织自己的观点。因为这不仅需要一定的知识储备,还需要主动思考和分析问题的能力,这与他们长期以来被动接受知识的学习方式截然不同。教师需要意识到,学生学习方式和观念的转变绝非一蹴而就,但是必须采取行动促进这一转变。迫于课时压力,教师可能很难在每节课都设置社会议题讨论的环节,但可以在一个学期内安排5次左右的大规模讨论活动。讨论前,让学生提前收集资料,梳理和组织观点。课堂上鼓励学生展开讨论,甚至进行激烈的辩论。教师在这个过程中及时给予反馈和评价,提高讨论的质量。如此一来,当学生发现在常态化的讨论中能切实获得参与感和成就感时,他们的积极性自然会提升,社会议题的讨论才能真正发挥其应有的效果。

社会议题的讨论应指向科学原理。学生在讨论社会议题时，往往会受到社会文化和价值取向的影响，仅从社会规范的角度进行思考。例如，在同性婚姻合法化的问题上，绝大部分学生能考虑到同性婚姻与社会传统道德规范的冲突以及婚姻作为法律上的一种契约关系不应因性取向不同而被剥夺等方面。但这种本身就带有敏感性和争议性的议题，能轻易地把学生的注意力限制在社会规范层面，忽略背后的科学原理。然而，科学的讨论不应受到社会框架的束缚。如果学术层面的讨论都不被允许，又何谈以科学原理作为解决社会问题的依据呢？教师需要引导学生有意识地探究社会现象背后的科学原理，比如说在这个议题中，从生物学角度来看，性取向的形成是一个复杂的生物学过程。研究表明，基因、胎儿期的激素环境等多种生物学因素可能会影响一个人的性取向。例如，一些研究发现某些基因位点与同性恋倾向有一定的关联。同时，在胎儿发育过程中，母体内的激素水平变化也可能对胎儿的性取向产生影响。这些科学原理说明同性恋并不是一种简单的"选择"，而是有其生物学基础。从社会学和心理学角度，研究同性婚姻对家庭结构和社会稳定的影响。通过对比同性婚姻家庭和异性婚姻家庭在子女教育、家庭功能等方面的情况，发现合理的同性婚姻家庭也能为子女提供良好的成长环境。例如，一些研究显示，同性伴侣通过领养等方式组建家庭后，能够给予子女足够的关爱和教育，子女在心理发展和社会适应能力等方面与异性婚姻家庭的子女没有显著差异。只有深入理解社会现象的科学原理，学生才能提出更为客观、真实的见解，而非仅仅局限于社会规范的是非判断。

社会议题的讨论应聚焦批判性思维。信息时代，我们常常被形形色色的信息"轰炸"，其中不乏极具煽动性和诱导性的内容。打开某个支持"超雄综合征是天生犯罪者"观点的帖子，评论区往往呈现出一边倒的支持态势：有人列举了身边超雄综合征患者的所谓"恐怖故事"，有人发布患者面容异样的照片，有些人看似有理有据地解释为什么 2 条 Y 染色体会让人更容易产生暴力倾向。一旦出现不同的观点就群起而攻之，试图以舆论来压制异见。面对这样的舆论环境,学生该如何判断?超雄综合征究竟是什么?这种观点的反对者和支持者的论据可靠吗?学生能否保持客观和理智,依据事实和证据进行逻辑推理,最终得出可靠的结论呢?这需要学生跳出"社会共识"的圈套,打破"大家都是这么说的"或"所有人都是这样想的"的假象,保持质疑随时批判,而不是随波逐流,人云亦云。

社会议题的讨论可以转化为具体成果。在有效讨论的基础上,教师可以鼓励学生将结果转化为研究报告、短视频、公众号文章等形式。这一过程不仅能帮助学生深化对社会议题的理解,还能让学生体会到自己的行动对社会的积极影响。这种由言及行的转变,本身就是一种强有力的正向激励,能够有效培养学生的公民意识和公共精神,激发他们持续关注社会问题,积极参与社会事务的热情。

面对时代的挑战,教育的使命不仅是传授知识,更是培养能够用知识解决实际问题的人。社会议题融入科学课堂的实践,需要每一位教育工作者的积极参与和不懈努力。我们相信,当学生能够以科学的思维、理性的态度和创新的精神去面对社会问题时,他们将成为推动社会进步的中坚力量,成长为有责任感、有创造力、有行动力的公民。

HPS 教育融入科学教学实践的策略探讨

HPS(History, Philosophy and Sociology of Science)教育是指基于科学史、科学哲学和科学社会学的教学模式,主张科学课堂应当有机融合这三大元素,引领学生真正站在巨人的肩膀上,站得更高,望得更远。科学的发展,是一个艰辛而漫长的过程,是无数先驱前赴后继,不懈探索的结果。由于时空的限制,学生无法亲历每一项科学发现的全过程。因此,教师扮演的角色尤为重要。如果教师仅依照教材照本宣科,重科学结果而轻探索过程,将不利于学生塑造健全的科学观。教师需要采取更为恰当的策略,引导学生综合考虑科学家开展科学探究时所处的社会历史背景,使学生身临其境地复演学科研究过程,设身处地地感受科学家在探索过程中所秉持的观点,以及解决问题的思路和方法。唯有如此,才能使学生不仅知其然,更知其所以然,实现科学素养的提升。

一、深挖资源,解构重组

(一)关注教材,挖掘价值

国家层面对于 HPS 教育的重视,在教育领域的顶层设计与基础教学资源中均有充分体现。从课程标准层面来看,明确提出"注重科学史和科学本质的学习",为学科教学指明了方向。在教材编写实践上,各版本新教材积极响应,以生物学学科为例,人教版高中生物学 2019 年版必修1《分子与细胞》呈现了施一公院士访谈、细胞学说等12则HPS资料,彰显了对HPS教育理念的落实。

对比旧教材,新教材在HPS资料方面做出了多维度的优化。其一,补充前沿科研素材,如"体细胞克隆猴""秀丽隐杆线虫与细胞凋亡研究",将当下生物学研究热点引入教材,拓宽学生视野;其二,依据最新研究成果更新原有内容,如"人工合成生命的探索",确保知识的时效性和科学性;其三,对部分材料进行重新编排,如"细胞学说""通道蛋白研究""光合作用相关探索历程"等,通过优化思维逻辑,使学科体系更为严谨,重要概念得以突出,进而在HPS资料的呈现上实现了质和量的双重飞跃。

深挖教材中HPS资料的教育价值,不应仅局限于让学生机械记忆科学史中的时间、国别、人物及贡献等,而是要把鲜活的科学研究历程完整地展现给学生。这就要求教师充分认同HPS教育的价值,在教学过程中深入钻研教材,充分利用教材。

(二)课外拓展,积累资源

教材是教学的重要依据。然而,教材的编写目的主要在于传递事实性知识,其中涵盖的HPS资料,往往不会对科学家的研究过程、科学方法和时代背景做详细阐述。此外,科学知识和科学史的研究处于动态更新之中,而教材的修订周期较长,难以及时反映最新的研究成果和科学事件。因此,拓展课外资源显得尤为必要,它能够补充教材的不足,满足不同层次、不同学习方式的学生的多样化学习需求。

苏霍姆林斯基曾指出:"教师进行劳动和创造的时间好比一条大河,要靠许多小的溪流来滋养它。教师时常要读书,平时积累的知识越多,上课就越轻松。"HPS资料的积累功在平时,利在长远。例如,《科学革命的结构》《从封闭世界到无限宇宙》等书籍,能够帮助教师从宏观层面把握科学发展的脉络;《自然》《科学》等学术期刊则能为教师提供学科前沿的研究成果,紧跟时代步伐;此外,《自然哲学的数学原理》《物种起源》等科学史原著,能够将知识最原本的样子呈现给教师,从源头审视知识的发生过程。在中国知网、维普期刊等学术数据库中,教师可以检索到海量 HPS 教育的文献,学习前人经验并内化创新。知乎、豆瓣等社交媒体上也不乏科学教育的讨论。教师的积累过程,也是自我成长和提升的过程。正如波斯纳提出的教师成长公式:"教师成长=经验+反思",只有注重积累,有心发现,才能提升自身的 HPS 素养,进而更好地引导学生。

(三)解构元素,重新组合

著名历史学家吴晗曾言:"读书是学习,摘抄是整理,写作是创造。"对于教师来说,积累是学习,解构是整理,重组是创造。科学史、科学哲学、科学社会学资料能够进行更为细致的分类。对 HPS 资料进行解构和重组,能够帮助教师更好地整合不同来源的资料,构建系统化的教学资源库。重组后的资料可以形成完整且逻辑连贯的教学单元,帮助学生更好地理解科学史、科学哲学和科学社会学的内在联系。而且,分类和重组的过程本身就是教师进行学习和反思的过程,促使教师不断更新教学理念。

对 HPS 资料进行解构和重组,存在多种可行方式(见表 1)。既可以按照学科主题进行分类。例如,在化学教学中,可以将资料分为热力学、动力学、电化学等主题。在热力学主题下,教师可以收集关于热机效率研究的历史资料、相关科学哲学思考以及其在工业生产中的应用等资料;在动力学主题中,从牛顿动力学定律的发现历程,到对动力学理论本质的哲学探讨,再到汽车发动机动力系统的应用,形成完整的资料集合;电化学主题则可涵盖从早期伏特电池的发明,到现代电动汽车电池技术的发展等一系列资料。也可以按照学生的认知水平和学习能力,将资料分为基础、中级、高级三个层次。对于基础层次的学生,可提供一些简单易懂的科普文章,如《有趣的物理现象》这类介绍生活中常见物理现象背后的科学原理的文章;对于中级层次的学生,提供一些科学实验报告和科普书籍章节,帮助他们进一步深入理解科学知识;对于高级层次的学生,则可以提供一些学术论文和经典原著,像爱因斯坦的《狭义与广义相对论浅说》等,让他们接触最前沿和最经典的科学研究成果与思想。

表 1 生物学学科 HPS 内容分析类目

类目		生物学学科内容解读
生物科学史	科学知识	历史上与生物学相关的科学概念、科学思想、科学假说、科学理论等科学知识的产生与发展。科学知识偏向于历史上形成的结论和成为成果的科学内容
	科学家生平事迹	相关科学家的人物传记、生平介绍、奇闻趣事及主要成就
	生物学成果及其发展历程	历史上涉及生物学的相关发明、理论或原理的发展历程和探究过程
生物科学哲学	科学知识的本质	发展性、可预测性、创造性
	科学探索的本质	实证性、批判性与创新性、逻辑与推理等
	生物学思想观念	结构与功能观、物质与能量观、进化与适应观、稳态与平衡观、信息观等
生物科学社会学	科学影响	某一生物学行为对经济、社会的影响
	科学应用	生物学理论、成果在实际生活中的应用
	科学事业	科学与职业,如不同科学家的职业、工作及其对社会的影响

二、创设情境,激发兴趣

(一)融入科学史实,身临其境

科学史是真实的、鲜活的情境资源,具有丰富的教育价值。在 HPS 教育中,科学史更是核心和主线。如何将科学史融入教学?梅柏军提出较低级使用法"附加式"和"复制式",以及最高层次用法"重构式"。落实到具体做法上,教师既可以将科学史设置为导入情境,也可以利用科学史自带的时序性和逻辑性,设置巧妙的问题来突破重难点。例如,在物理课上讲解牛顿万有引力定律时,教师可以先讲述牛顿在苹果树下被苹果砸中,从而引发对物体下落现象深入思考的故事,吸引学生的注意力,自然而然地引入课程正题。在化学课上讲解元素周期律时,教师可以从门捷列夫对元素进行分类研究的故事谈起,层层设问:门捷列夫是如何开始对元素进行分类研究的?在他之前,其他科学家对元素分类做过哪些尝试?遇到了什么困难?门捷列夫是怎样突破重重困难,发现元素周期律的?学生在逐步解决问题的过程中,思维抽丝剥茧,走向深入,不仅了解了元素周期律的发现历程,更能领悟科学进步离不开科学家不断探索、勇于创新的精神。

(二)联系社会实际,力求真实

科学源于社会现象,寓于社会生活,用于社会问题。在 HPS 教育中,聚焦社会热点问题是一种有效的教学策略。例如,随着全球对环境保护和可持续发展的关注,新能源汽车成为社会热点之一。在物理教学中,教师可以引导学生通过探讨新能源汽车的动力系统来学习电磁感应、能量转换等原理。教师也可以组织学生参与社会实践活动,让学生亲身感受科学的力量,为社会贡献自己的智慧。例如,在化学教学中,教师可以组织学生对当地河流或湖泊的水质进行检测,分析水质中的污染物成分。学生可以灵活运用酸碱滴定、离子检测等方法,确定水体的污染程度。在此基础上,学生可以尝试使用化学试剂或生物方法对水体进行净化,如添加活性炭吸附污染物,或利用微生物降解有机物。学生在探讨过程中,能够清晰认识到科学在应对社会问题、推动社会可持续发展方面所发挥的关键作用。

三、探究教学,合作学习

(一)设计实验,自主探究

HPS 教育的核心目标之一是培养学生的科学探究能力。课程标准将

"科学探究"视为核心素养的关键组成,指能够发现现实世界中的科学问题,针对特定的科学现象,进行观察、提问、实验设计、方案实施以及对结果的交流与讨论的能力。设计实验环节应当在学生了解相关科学史之后,形成科学观念之前。此时,学生已经对科学家的研究过程和方法有了初步了解,能够借鉴历史经验,结合现代条件,设计出更具科学性和创新性的实验方案。例如,在"遗传信息的翻译"一课中,教师展示历史上尼伦伯格和马太的实验后,请学生设计实验:找出密码子 UUU 编码的氨基酸是哪一种?谈谈实验设计思路,并预测实验结果和结论。像这样,将科学家的研究历程转变为课堂上学生能够参与的学习任务,自主思考实验设计思路,证明自己的观点,然后教师呈现教材中的实验内容和理论依据,最终帮助学生形成正确的科学观点。

(二)小组讨论,合作学习

HPS 教育旨在让学生理解科学知识背后的历史、哲学及社会学因素,而小组合作能够为学生提供多元视角,集百家之长,促进其对复杂科学问题的深入剖析。课程标准所强调的科学素养培养,不仅要求学生掌握知识,更要具备交流协作、批判性思维等能力。小组合作的学习恰恰能成为这些能力发展的有效载体。以"光合作用的探究历程"为例,教师可先介绍不同历史时期科学家如普利斯特利、英格豪斯、萨克斯等人的研究成果与方法,然后将学生分成小组,提出讨论任务:分析不同实验在当时的社会背景下为何具有创新性,若处于同一时代,如何改进实验以获得更精准结论。小组讨论过程中,学生们各抒己见,有的从科学技术局限性探讨,有的从实验材料选择角度分析,思维相互碰撞。教师适时引导,纠正偏差,确保讨论围绕 HPS 教育核心展开。通过这样的小组讨论,学生不仅能理解光合作用探究历程中的科学知识,更能体会科学发展与社会背景的密切联系,提升 HPS 教育框架下的科学素养。

四、渗透哲思,深度思考

(一)直面困境,开放讨论

在 HPS 教育的三个内容中,科学哲学的融入较科学史和科学社会学更为困难。科学哲学关注科学知识的本质、演变进程、研究方法和价值体现等,涉及的概念和理论较为抽象和深奥,这对学生的认知能力和理解水平提出了较高的要求。同时,科学哲学的讨论常常涉及哲学思想和科学实践之间的辩证关系,需要学生具备跨学科的综合学习能力。对于中学生而言,他们的思维水平正处于渐进发展的阶段,尚不具备足够的哲学基础和抽象思维能力来深入理解科学哲学的概念,因此科学哲学融入中学生物学教学是一项挑战。在教学过程中,教师可尝试将哲学的复杂概念简化,用通俗易懂的语言和例子来解释,使学生更容易理解和接受相关内容。此外,教师还要注重将科学哲学的概念与学生日常生活、生活情境联系起来,帮助学生建立相关联想。课堂上,教师还需鼓励学生进行讨论和互动。例如,针对"生物实验中变量控制背后的哲学意义"这一话题,引导学生探讨为何要严格控制单一变量,这反映了怎样的科学认知逻辑。通过生生互动、师生互动,学生能逐步培养批判性思维与分析能力。

(二)打破壁垒,双师合作

科学教师长期专注于专业学科知识体系的构建与传授,在科学哲学这一交叉领域的研究与积累相对薄弱,导致在剖析复杂的科学哲学概念和引导学生进行深度哲学思考时,能力稍显不足。此时,打破学科之间的壁垒,邀请思政教师参与教学,开展双师合作,不失为一种极具创新性与实效性的解决方案。思政教师在哲学理论的学习与研究上具有深厚功底,对辩证唯物主义、历史唯物主义等哲学思想有着系统且深刻的理解,能够为科学哲学的教学注入专业的哲学视角。以"生态系统的稳定性"这一生物学课程为例,科学教师可以先从生态系统的结构与功能等专业知识出发,讲解生态系统如何通过自我调节维持相对稳定的状态。接着,思政教师引入哲学中的"普遍联系"与"动态平衡"观点,引导学生思考生态系统中生物与生物、生物与环境之间相互依存、相互影响的关系,以及这种平衡状态在外界干扰下的动态变化过程。通过思政教师的深度解读,学生能够从哲学层面更透彻地理解生态系统稳定性背后的科学本质。在双师的共同引导下,科学哲学也得以更有效地融入课堂教学,提升学生的科学素养。

五、多元评价,不断反思

(一)主体多元,多维评价

构建多元的评价体系是实现 HPS 教育价值的关键路径。评价主体的多元化,涵盖学生自评、互评以及教师评价,能为学生的成长提供全方位、多角度的反馈。评价指标的多维化,紧密围绕学生的核心素养。从科学知识维度,考查学生对科学史事件、科学理论发展脉络的准确掌握;从科学思维维度,关注学生在分析科学问题,推理科学结论,提出创新观点时的思维活跃度与逻辑性;从科学态度维度,评价学生在学习过程中的好奇心、求知欲、勇于质疑和坚持真理的精神;从科学探究能力维度,聚焦学生在设计实验、收集数据、分析结果等实践环节中的表现。通过多元评价主体与丰富评价维度的有机结合,HPS 教育课堂能够精准评估学生核心素养的提升情况,为教学改进和学生成长提供有力支撑。

(二)定期反思,调整策略

教师应依据每一轮 HPS 教学实践中的课堂反馈、学生表现及学习成果进行深度反思。反思应紧密围绕教学过程中的多个关键环节。在科学史融入环节，教师要反思所选取的科学史案例是否生动且贴合教学内容，能否有效引发学生兴趣。在科学哲学渗透方面，教师需思考所引入的哲学观点，如科学理论的可证伪性，是否借助了合适的实例让学生理解，在讲解时逻辑是否清晰，学生是否能将哲学思考与科学知识建立联系。在科学社会学关联部分，教师要反思在探讨科学研究与社会需求的互动关系时，所举的现实社会案例，是否足够典型，能否帮助学生理解科学在社会大环境中的发展机制。

基于这些反思，教师可以多方向调整教学策略。若发现学生对科学史案例兴趣不高，可改变引入方式，比如采用角色扮演，让学生模拟科学家的研究场景，增强代入感。若科学哲学讲解效果不佳，可增加小组讨论，鼓励学生结合生活中的科学现象阐述对哲学观点的理解，促进思维碰撞。若科学社会学部分学生理解困难，可组织实地参观科研机构或邀请科研人员讲座，拓宽学生视野，加深对科学与社会关系的认知。

第三章 基于融合教育的教学探索

第三章　基于混合特异酶交联技术

复合创新人才培养的学科
融合教学模式构建

新时代复合型创新人才的培养需求要求教学从分科教学转向融合教学。学科融合的教学需要：通过真实问题情境的创设，构建融合教学的逻辑起点；通过教学资源的统整，创建学科融合的多维课堂；通过更新学习方式，构筑横向联结的知识图式；通过重构评价体系，助力复合人才的培养发展。

随着科技的发展，人类社会所面临和需要解决的问题将越来越复杂，这也对创新人才的素质提出了新的要求：不能再局限于某单一学科领域的研究，而是需要有跨学科的知识广度和创新能力。这也要求教育应势而变，打破传统分科教学造成的知识壁垒，以学科融合教学来促进学科间的渗透和交叉，以此拓宽学生知识视野，促进知识、方法的融会贯通，提升思维的灵活性和创新性，增强复杂问题的解决能力，从而全面提升创新实践能力。

学科融合教学不是多学科知识、理论的简单、机械堆叠，而是多学科知识、理论、方法的互相渗透和有机结合。教学需要通过创设真实的问题情境，构建起学科融合的逻辑起点。在此基础上，通过同种教学资源，创建适于开展学科融合的课堂环境；通过更新学习方式，构建促进知识横向联结的融合学习；通过重构评价体系，构建指向全面发展、复合创新的融合教学评价，从而促使融合在教学中自然而然地发生，实现复合型创新人才的生成和发展。

一、创设真实问题 构建学科融合的逻辑起点

问题情境的创设是教学的起点。传统的分科教学中,为了快速地引出教学内容并精准地考查学生对知识点的掌握情况,教学中往往创设的是良构的问题情境,在这样的情境里学生用特定的知识和方法通过独立的分析或计算解决问题。但现实生活中的问题往往具有非良构性、综合性和复杂性。这样的问题解决需要学生能够灵活应用多学科的知识和方法,运用系统思考的思维方式,统筹和权衡问题解决的各要素,甚至采用创新的手段整合积极要素,消除消极要素。

真实复杂问题的情境创设为学科融合教学构建了逻辑起点和实施背景,迫使教学通过资源整合、思想融通,将不同学科知识和方法有机融合于问题解决的过程中。因此,教师需要在观察生活和研究各学科特点及应用领域的基础上,为学生构建丰富的真实问题情境,例如,将数学学科与技术、社科融合起来,构建"市内信号灯时长设置问题及解决方案";将物理、体育和生物融合起来,构建"如何提高短跑技术""如何提高篮球投中率";将数学、地理、历史融合起来,构建"奶茶连锁店城市空间分布问题";将数学、物理、人工智能融合起来,构建"格斗机器人的设计与制作"等情境。通过真实问题激发兴趣,引领教学,推动学生将各学科知识融合运用,促进其问题解决能力和创新能力的提升。

二、统整教学资源 创建学科融合的多维课堂

传统课堂中只有一位教师就某一学科的专业知识在规定的时间、地点进行教学,这样的做法使学生的学习空间受限,使学习与知识情境脱节,且学生的学习进程被人为地规定和割裂,知识无法得到自然的积累和延续,不同知识之间也无法自如联结。因此,学科融合教学需要将这些"禁锢"打破,

从教师配置、组织形式、时空场域等要素入手,将课堂进行"重置",为学生打造学科融合的多维课堂。

(一)教师配置:从单一授课教师转向多学科教师联合指导

学科融合教学不仅是多学科知识的融合,也是多学科思维和方法论的融合,因此需要构建起多学科教师的指导团队。团队教师要常常在一起研究问题,讨论教学,交流学科特长和学科互通的可能性,形成良好的合作、研讨关系,并不定期开展主题研讨,挖掘生活和社会中可用于融合教学的问题情境、教学资源,讨论融合教学的实施途径并制定教学规划,从而促进教师特长的发挥和学科思想的融合,为开展学科融合教学打下坚实的师资基础。在此基础上,为不同的融合项目配备不同的学科教师指导团队,保障学生在问题解决过程中获得适时的引导、充分的指导和有力的支持,助力学生达到知识的融会贯通、方法的"信手拈来"、思维的灵活敏捷。

(二)组织形式:从单一必修课堂转向社团、选修多级联动

学科融合教学是主题式的、合作式的,需要多学科教师灵活地为学生提供指导,需要多学科教具、实验器材、工具设备等硬件设施的综合使用,需要学习时间、学习资源的灵活调配,这些内在需求在必修课堂上难以实现,而在社团课和选修课上可以得到充分满足,因此要将社团课、选修课与必修课有机联动起来,使社团、选修成为必修课堂的延伸和拓展。比如,学生在化学课学习了氧化还原反应之后,学校可以开设"科学与艺术"选修课,开展化学反应摄影活动,用相机记录化学反应中色彩与形态变化的美妙瞬间,将化学与艺术有机融合,提升学生对化学反应的理解和审美能力;学生在物理课学习了欧姆定律之后,科技社团可以开展"智能光控台灯的设计与制作"活动,将物理与技术融合,让学生在设计电路和灯具制作的活动中提升知识运用和动手实践的能力。实际上,学校开设的很多选修课程都有多学科背景,教师可以在选修、项目课程等领域大胆融合多学科,运用多师课堂的形式,充分开展融合教学(见表1)。

表1 选修课与社团课的学科融合

	开课名称	学科融合
选修课	影视、心理学	艺术、心理
	《史记》的跨学科解读	语文、历史
	iPad演奏与数字音乐编创	艺术、信息
	擂台机器人	物理、技术、工程
	生命的守护——药学	化学、生物
	医路有你——中学课堂上的临床医学	生物、医学
社团课	模拟联合国	英语、历史、政治
	文创社	艺术、技术
	商业模拟协会	数学、政治
	头脑奥林匹克协会	文学、艺术、技术、戏剧
	DIY社	艺术、技术
	科学实验与艺术创作社	物理、化学、艺术
	物理DIY社	物理、技术
	擂台机器人社	物理、技术、工程
	"我们"戏剧社	文学、戏剧

社团课程是学校课程中学生参与度比较高的课程,是学生课程的"自留地",是学科课程的"维他命",虽然"含量小",但不可或缺,也是学生特别在意的课程。为什么能有这样的良效?第一,活动属性强,学生能够具身参与;第二,综评属性,学校对学生的评价回到了多元智能的多维评价立场;第三,兴趣属性,这个课程更多的聚焦学生兴趣,更多体现的是"我选择,我喜欢,我参与"的特色;第四,融合属性,这个课程不是基于学科本位出发,而是从项目出发、从课题发展而来。这些属性都是传统课程的短板,社团已经成为学生心目中的"无可替代"物。学校需重视这种活动,尤其是课程的建设。

教育是育人,是慢的艺术,要有多样化、自主性、参与广的社团等课程的滋养。丹麦的《日托关爱方案》提出:"教育的目标是创建有利于孩子学习的环境,而非教孩子。"杨东平教授指出"教育的选择越多,幸福感越强。"育人者需要"言宜慢,心宜善",教育需要育人者的耐心守候,更需要长远发展的眼光和追求。十年树木,百年树人。一位资深教育记者提出"要使小树成为木料需要很长的时间。而培养一个人才则需要更多的时间。我们不赞成以分数论英雄的畸形评价体系,而现实是当一部分优秀教师全身心投入百年树人的伟业中时,总有不和谐的声音不断冒泡,因为这些"声音"等不及百年,他们看到的是眼前的风光,享受的是短暂的获利。所以才有了复旦学生林森浩投毒案、北大学生吴谢宇弑母案,当然也有成为悬案的清华女生朱令铊中毒案。"

学校与学生犹如土壤与种子。教育就是让要"充满生物多样性、具有发展潜在力"的种子,在学校沃土中"卓越生长"。植物的生长需要植物激素和大量元素,这些要素助力植物"快速成长";植物也需要微量的"维生素",这些因素助力植物"茁壮成长"。同样学生的成长需要"学科知识、学科技能",这些要素助力学生"快速成才";学生更需要微量的"社团课程、选修课程",这些因素助力学生"卓越生长"。因此,现代学校需要有深厚的"校园文化"以供熏陶;有丰富的"校本课程"以供选择;有健全的"培养机制"以供保障。我们迫切需要改变我们的生产方式,转变我们的教育观念。面对当下有些"急功近利"的教育目标,催生出的"急火攻心"的教育效果,我们需要用"中医"方式调理身体,才能让孩子更加健康成长。

(三)时空要素:从单一教学时空转向线上线下、校内校外多维时空

学科融合教学需要面对真实复杂的问题,在这样的问题情境中学习能够让学生和社会生活更好地联系在一起,帮助学生更好地体验社会、适应社会。因此,学科融合教学应突破传统教学的教学时空,拆除教室、校园的"围墙",利用好人工智能、大数据等现代化手段和技术,构建"全 e"教学生态,引入线上素材,甚至是高校数据库、图书馆资源,丰富学生获取知识的渠道;同

时积极开发当地的图书馆、科技馆、研究院、工厂企业等优质教育资源,建设校外实践基地、学习基地,开放给学生参观、学习,让学生进入到社会生产生活中去学习,实现"无边界"学习。

通过全面重构的融合课堂,学生可以随时随地获得多学科的教师指导,体验多学科的交叉运用,接触多学科的应用场景,从而得以拓展知识边界,提升综合看待问题、研究问题的能力,获得创新能力的培养和提升(见图1)。

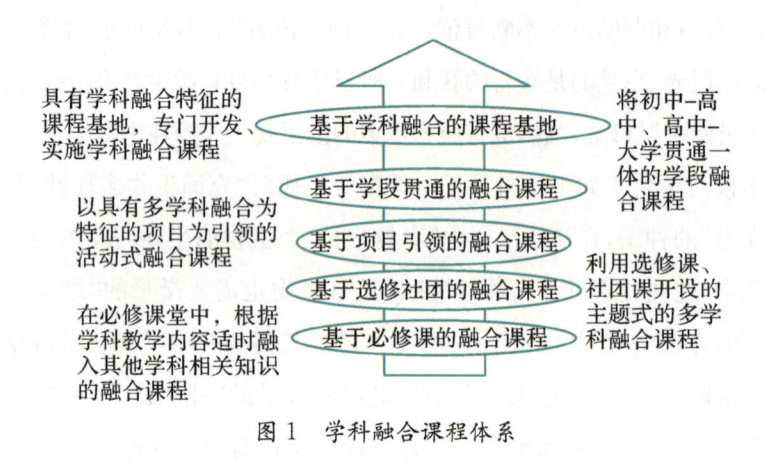

具有学科融合特征的课程基地,专门开发、实施学科融合课程 —— 基于学科融合的课程基地 —— 将初中-高中、高中-大学贯通一体的学段融合课程

以具有多学科融合为特征的项目为引领的活动式融合课程 —— 基于学段贯通的融合课程

基于项目引领的融合课程

基于选修社团的融合课程 —— 利用选修课、社团课开设的主题式的多学科融合课程

在必修课堂中,根据学科教学内容适时融入其他学科相关知识的融合课程 —— 基于必修课的融合课程

图1　学科融合课程体系

三、更新学习方式　构筑横向联结的知识图式

教学是教师的教和学生的学密切配合的行为。融合教学的开展不仅需要教师教的方法的改变,也需要学生学的方法的转变。分科学习中,学生虽然同时学习很多门学科,但这些学科的学习和应用却是独立进行的,即学生往往只专注于某一特定学科问题的解决。这样的学习方式导致学生虽然纵向学习了很多知识,但知识之间没有横向联结,知识和知识之间无法融会贯通、灵活应用。为了打破这种学习惯性,教师应合理设计教学,引导学生开展项目式学习、论证学习(Argument Learning)、研究性学习等多样化的学习方式,促进学生从多角度考虑问题,共同学习,实现多学科知识、方法的融合以及上位图式的形式。

（一）项目式学习：通过多学科方法的综合应用促进学科融合

项目式学习是在具有复杂性、开放性、多学科融合等特征的问题或任务情境下，学生通过组队、合作，应用综合知识、技术，解决问题、制作目标作品的学习过程。在项目式学习过程中，学生需要学习和调用不同学科的知识和方法来完成任务，如需要运用数理方法开展调查和统计，需要运用理科思维进行实验和分析，需要运用工程技术实施作品的设计、制作与试验，甚至还需要运用艺术审美对作品进行美观角度的比较和提升。因此，项目式学习能够有效地引导学生在不同学科之间灵活跳转，随取随用，使知识图式产生横向的有机联结，促使学科融合自然而然地发生。

（二）论证学习：通过多学科观点的论证辨析促进学科融合

潘瑶珍在《科学教育中的论证教学》中提出论证教学是"围绕着证据与推理、观念与主张、原理与规则、概念与理论进行的教学活动，是教师与学生之间、学生与学生之间多层次的、网状的立体交互过程"。在论证学习中，学生需要站在不同角色、立场上，经历提出主张或对立主张、收集证据、进行陈述、进行反驳、总结主张等过程，因此需要通过收集科学、社会、技术等不同学科的知识、资料来综合凝练自己的观点并做好举证、反驳的准备。在这个过程中，学生自然而然地了解和运用多学科知识来明确己方观点并丰富己方论据，如在"是否支持建造垃圾焚烧厂"的议题中，学生需要运用化学知识提出焚烧废气的危害，运用生物知识提出对生态环境的影响，运用数学、政治知识提出垃圾焚烧的经济效益，运用技术知识提出废气治理的技术应用等。可见，论证学习通过探究、合作、对话等方式，能有效联结多个学科、领域的知识和方法，突破学科壁垒，促进学生综合知识图式的形成，助力学科融合的发生。

（三）研究性学习：通过跨学科课题的探索研究促进学科融合

《普通高中"研究性学习"实施指南》中提出："研究性学习是一种从自然

社会和学生自身生活中选择、确定专题的学生的研究活动。在学习过程中，学生在教师的指导下，以独自或组队的形式，以类似科学研究的方式达到获取知识、应用知识、解决问题的目的。"为了促进学生多学科知识的融合应用，教师可以鼓励学生多开展跨学科课题研究（见表2）。例如，开展"用植物色素制取代酸碱指示剂"的研究，该课题是生物和化学的跨学科课题，学生既要用生物知识培养和提取植物色素，又要用化学知识提纯色素并进行酸碱指示测试。可见，跨学科研学活动能够推动学生在综合性问题和项目的驱动下，对学科交叉领域开展研究，从而获取多学科知识，应用多学科方法，提升其知识融通和问题解决能力。

表2 研究性学习课题的学科融合

研究性学习课题	学科融合
十八世纪末至十九世纪上半叶人文思潮与社会发展对法国浪漫主义文学的发展研究	文学、历史、政治
中国现代诗的发展历史和艺术风格演变	文学、历史
电磁感应研究与电磁线圈炮设计与制作	物理、技术
动手制作火箭以及电脑模拟火箭发射	物理、技术
关于光学隐形材料的探究	物理、技术
数学方法在物理上的应用	数学、物理
通过电磁弹射方式释放固定翼无人机的应用研究	物理、技术
微型气压式液体推进系统的研发	物理、技术
小型固定翼无人机及其车载发射平台的研制	物理、技术
研究用不同酵母菌酿造葡萄酒的过程	化学、生物
关于南京大屠杀期间的南京安全区运营情况的研究	历史、政治
南京水利的继古开今——以武庙闸为例	地理、历史
女性主义下的城市规划与人文关怀	地理、人文

通过项目式学习、论证学习（Argument Learning）、研究性学习等多样化的学习方式，能有效补充分科教学的短板，在学生纵向深度学习的同时，为其创造横向运用的"脚手架"，使知识得到充分的横向联结，促进上位图式的形成，为学生复合型创新人才打下坚实基础。

四、重构评价体系 助力复合人才的培养发展

教学评价既是对教学结果的评估也起着引领教学的作用。学科融合教学的最终目标是实现学生在综合素质和核心素养全面发展的基础上获得复合创新能力的培养提升。因此学科融合的教学评价应在深度挖掘学科与学科之间素养的内在关联的基础上，立足全人教育，通过对学习过程、问题解决、多元智能等多方面的关注和评估，推动师生深度开展学科融合教学，促进学生创新能力的提升和核心素养的全面发展。

（一）关注学习过程　促进融合教学的深度体验

学科融合的教学是通过问题、项目驱动的教学，在过程中要求学生充分地投入与合作，积极地发挥自己的特长，有意识地多角度考虑问题，灵活地调动和应用多学科的知识和方法。学生只有充分地经历和体验多学科融合学习的过程，才能真正促进上位图式的形成，使学科与学科之间产生有机联结，从而达到知识的融会贯通，为复合创新打好基础。因此，教学评价应关注学生学习的过程，对学生的学习态度、合作情况、问题考虑角度、不同学科知识应用等情况进行考察和评估，通过评价激励，推动师生深入地开展融合教学。

（二）关注问题解决　培养创新实践的综合能力

传统的教学评价多采用纸笔测试，这种测试方式有利于对知识进行量化评估，但难以对能力、素养作出准确评价。学科融合教学的目的是培养学

生在掌握各个学科知识、方法的基础上,面对真实问题能够突破单个学科的思维局限,灵活运用不同学科的知识技能和思维方法来解决问题。因此教学注重的是学生问题解决能力、创新实践能力以及多学科综合应用能力的培养和发展。所以教学评价也应当以问题解决为导向,通过设计和建构具有综合性的真实问题作为"考题",让学生以组队的方法来解决问题,以作品、论文、报告等方式来呈现问题解决的方案和成果,从而评估学生创新、实践的综合能力。

(三)关注多元智能　促进复合人才的全面发展

学科融合教学过程中,学生通过合作、实践来探索和解决问题。在此过程中,学生各自发挥特长,运用才能,培养的不仅有学科融合的知识和方法,更有学生的合作能力、审美能力、创新能力、批判性思维能力以及问题解决的决心、克服困难的意志、实事求是的精神。因此,教学评价应当关注多元智能,通过对学生在完成任务过程中表现出来的行为态度、道德品行、精神品质等多个维度的立体评价,全方位地评估学生的综合素养,从而促进核心素养的全面发展,实现精神品质优异的创新人才的培养。

综上,学科融合的教学模式需要学校、教师通力合作,敢于打破分科教学的壁垒,冲破传统课堂的束缚,在真实问题情境的创设、教学资源的统整、学习方式的更新、教学评价的重构等各层面上不断挖掘和开发,实现资源互通,学科交融,促进学生的全面发展,助力复合型创新人才的培养和涌现。

课程重构，像科学家一样思考

有学者说："教育应当用理论发现的方式或研究方式去进行，那就是教育的本然"。当前，传统分科式教学虽在各学科上可以引导学生深入学习，他带给学生的是"学术"，不是儿童认知的方式，也不是自然原理运转的方式，更不是未来科学发展的趋势，这必然导致五育割裂，学而不通，阻碍了各项素养有机生长，不利于学生全人发展。

基础教育要培养的是学生的创新意识，高等教育才要培养学生的创新能力，基础教育只在学科内在领域内深耕，从学生孩童时期开始我们就用"小院高墙"的方式去人为设置学生观察的视野，那我们培养的学生只能坐井观天，因此，当下基础教育亟需要改变的格局就是"学科壁垒"，当然也包括其他人为设置阻碍交通的"栅栏"，如班级授课等。这就需要教师主动地去破冰，用"融合"理念重构课程，填补课程设计到学校实施之间的落差，让学科能够真正发挥育人的价值，让学科教育回到"人本"的立场上来。基础教育涉及的领域是社会学和心理学，当下更准确来说，是00后社会学和儿童心理学，这就要教师艺术化重构课程，让课程无限接近学生的认知兴趣和能力，寻找认知冲突，寻找认知缝隙，让学生知识赋能，而不是知识注入。比如我们的理科科学要宏大，要摒弃细致末节、繁难偏怪，要回归科学发现、科学精神、科学思想、科学本质，学生只有像科学家一样思考，才能理解，才能爱，然后从事科学研究。当下，我们需要探索"综合理科课程"实施路径，以大项目、大任务为组织形式，综合运用理科中的知识与技能去创设以解决问题为导向的活动类课程，去打破学科壁垒，促进学生独立思考、证据推理、质疑批判、学会学习等创造性思维的养成。综合课程可以有如下结构体系：

第一，核心基础分科理科。基础是认知之基，这是综合理科课程的出发点，学校要严格遵照国家课程标准，面向全体学生，以知识教学为基础，融入科学和人文素养浸润、学习和认知方式更新、人生观和价值观引导，为创新人才培养打下坚实基础。

第二，高阶思维理科课程。思维是认知之本，这是综合理科课程的关键点，我们可以通过以"思维"为要素的课程去贯通课堂，让课堂充满想象力，这样课堂才能极具生长性，才能孕育无限的可能性。我们可以通过打造"大师—教师—学生"为一体的思维课堂，通过将大师讲座、师生对话、合作探究等形式常态化实施，着重科学思想史的渗透，引发学生深度思考科学知识背后的内在逻辑，提升学生思维的深刻性、灵活性、独创性、批判性、敏捷性和系统性。

第三，人文阅读写作课程。人文是"认知之桨"，这是综合课程的双翼，包括阅读与写作，指向学生的输入和输出，因为独立思考、自由表达是创新人才的重要素质。"科学阅读与写作"把理科领域的阅读与表达作为课程主要内容，教师可以通过科学名著阅读与读后感写作、科学课题论文写作、英文版理科书籍翻译、理科科目高考复习资料编写等独具特色的阅读与写作活动，鼓励学生广阅读、深思考、勤笔耕、多表达，在阅读与写作的过程中打通知识壁垒，形成具有综合性、结构性、系统性的理科新图式，促进学生对知识的迁移、整合和应用。

第四，关于认知的认知课程，元认知是认知之法，拔尖创新后备人才卡点不在知识不足，也不在能力不够，而是学生对于认知之法的认知还不够系统和科学。大脑是如何思考？四个语言中枢分别是什么？条件反射如何发挥作用？……这些都是同学认知升级必需补全的必修课。所以，我们要设计"我学会，我会学"三年一体化的学习方法论课程，"学习方法论"课程应该要作为高中理科课程改革的独立模块存在，以为人才未来创新力提供持续动力为目标。这样的动力系统应当包括：目标动力系统，五"业"并举（学业的后面是专业,行业、事业……);兴趣动力系统:杜威人为兴趣是人能力表征,兴趣改变人的负担感,爱因斯坦更是说兴趣是最好的老师,我们的教学需要一定负担感,然后拾级而上,这样才能有效能感,才能让学生有幸福感;自我管理系统:要让学生迈出心理的舒适区,走入"痛苦"的学习区,让学生"苦其心志,劳其筋骨,饿其体肤",这就需要有系统化设计,包括时间管理、人际管理、情绪管理等。校本课程既可与各分科理科深入融合,也有相对独立的活动性课程,既为全体学生开设普适性科学方法论指导,也为学有余力的同学开设个性化选择课程。如单科理科课程免修、"学长来了"学法交流活动、自编学法指导手册等,通过三年贯穿的系统培育,将学习方法论渗透在所有理科课程的具体学习之中,提高学生的自学能力,让学生有足够的能力和底气去面对未来,创造未来。

理科重构项目围绕提高学生创新思维品质这一目标,深度挖掘理科课程内在逻辑,精准把握科学思维与方法,重构、融通理科课程,创造性地构建理科创新人才育人新模式。

思政融合教学,服务选材、引导教学

双新时代呼唤培养时代新人,培养时代新人育人路径需有"融合",双新背景下提出了诸多体现"融合"思想的教学要素,包括五育融合、单元融合、STS教学、项目式学习等。融合教学不是简单堆叠,而是意义引领下的学科教学,这样才能解决为谁培养人这一根本问题。教学融合首要在与思政要素的融合,在思政统摄的多学科融合,才能实现在方向引领下的协同育人。

教师要从输出端思考教学,从育人侧考虑个体、社会、国家需要。教育有思想性,赫尔巴特认为道德是教育的最高目的。杜威说:"道德是教育最高和最终的目的。"新课程要更关注学科的育人价值,不要囿于学科自有学术框架,要有学理逻辑和育人逻辑,要弥补在综合育人上的缺憾。当下,教师的回答决定了学生努力的方向,教师的发展观、教学观、学生观也同样引领学生的方向,教师最需要改变的是"三观"。

教学要聚焦育人方向和育人方式,多围绕学生精神丰富、观念养成、责任培养、人格塑造等目标展开教学设计,让国家的教育目标与学校培养目标、课程目标、教学目标乃至单元目标保持高度的一致性。这就需要教育者用心设计,去填补国家育人理念到教师育人实施之间"落差"。理念和现实之间,想到和做到之间隔着一条河。作为教育工作者需要去求索路径。聚焦育人要素,落实学科育人,需要学科教学破除学科壁垒,实现"学科与思政领域"的深度融通,让思政"随风潜入夜,润物细无声"般进入课堂。

首先,教师可挖掘学科内思政要素,凸显主流价值观。有大量的思政教育元素散落教材、生活、情境之中,教师可以书海拾贝,精选思政素材,对学科教学"锦上添花",给课堂注入思政灵魂,实现教育的升华,这往往能够成为神来之笔,发挥画龙点睛的妙用。

其次,教师可寻找学科共同逻辑点,实现"润物细无声"。这需要教师寻找学科与思政的共有逻辑,实现内容自然并轨,才能实现教育润物无声。此问题的破解之道在于:教师要寻觅两个学科的交汇点、逻辑点。实际上思政的世界观、方法论、辩证法、逻辑论都是指导各个学科发展的"形而上"的学问。教师要遵循二者的逻辑,从思政中来,到思政中去。

再者,建立思政教学大单元,构建思政大概念。大概念是处于学科中心位置、对学生学习具有引领作用的基础知识。学生的认知规律和学科的知识结构都需要教学关注结构,基于认知结构去建构知识结构,从而达到起底学科本质,同时兼有塑造灵魂的目的。在知识唾手可得到引起学生无感的时代,教师如何遴选"元素"开展教学?我们应当从大概念、大单元、大项目出发,通过框架搭建,培生长之根,建知识之干,塑精神之魂。基于此,学科融合的思政教学也不能满足于思政元素的随机"选择",不能局限于思政方法任意"插入"。基于学生"学科逻辑＋生活逻辑＋认知逻辑"三种逻辑编写的学科教材,更多地站在了生物学的平台上去统领教学要素。从学科育人的逻辑出发,学科教学还需要在上述基础上再增加一个维度——思政逻辑。学科教学需要同时关注学科和思政两类"大概念"的同时建立。比如教师可把法治元素串联、重整,按照"文明、规范、道德、法治"等内容,逐级铺呈,拾级而上,帮助学生形成法治思维,建构起"依法治国是党领导人民治理国家的基本方式"的思政大概念。

最后,构建思政统摄融合样态,形成多学科共育。教学要从问题出发,从需要出发,从育人出发,而不是从学科出发。问题往往是具有复杂性的,具有多学科交叉的背景,因此我们的教学必须摒弃仅在单一学科内有条件成立的观念。跳出问题看问题,看问题背后的问题,这样才能有横看成岭侧成峰的感觉,才能洞察问题的本质。这种多学科的加盟,也应当有自洽,有其背后的逻辑,这种逻辑当然是求真、求美、求善。这种至正、至美、至善的统摄应当是思政。也就是思政为主导,思政学科可统摄各学科要素,引领教育方向;其他学科内容勾连,通透问题本质。这样的教学样态才能实现多学科协同育人,才能谱写育人的交响曲。多学科同时投放的教学,才可能引发对简单问题的深度思考,培养学生科学精神和科学思维;再有了思政的统摄,可牵一发而引观念,科学与人文交相辉映,相互佐证与碰撞。

教育者要始终牢记立德树人根本任务,学科教学要谨记育人初心使命。学科教学不仅在必备知识的更新,也在关键能力的提升,还在核心价值的引领。融合教学难点在结合点,如何恰到好处?这就需要教师费劲心力去"格致",摆好思政的统摄位置,去寻觅思政内容,探索协同育人逻辑,形成学科和思政教学大概念。

思维融合,让学习主动发生

印度哲学家克里希那穆提指出教育的真正意义是培养智慧,让人借着它找出所有问题的答案。面对未来的不确定性,教育要给予学生的是永恒不变的东西。美国教育学家杰克逊在《课堂生活》曾经提到,"当年勤勉学习的东西,在多年以后会被怀疑甚至抛弃,而当年曾经不屑一顾的东西,事后却被证明是真正打动了自己的。"学习的目的是要发展"能动的思维",这也是新课程所提出的"关键能力"。

《普通高中课程标准(2017年版)》(2020年修订)要求教师提供更多的机会让学生发现问题,养成思维的习惯,形成积极的科学态度,发展终身学习及创新实践能力。我们的脑中负责短期记忆的是海马体,在脑中所占代表区非常小,无论如何训练也难以扩容,因此,我们的大脑不是容器,不能承载太多没有意义的记忆。我们大脑有诸多复杂功能,包括运动、感觉、语言、思维(学习)、记忆、情绪等方面,大脑是一个处理器,这里面错综复杂,相互关联,教学需要开发的是人的大脑皮层。实际上,普通人的大脑利用了10%左右,而一部高端手机,多数人能开发利用的功能也就20%。也就是说,无论是智能手机还是人脑,都还保有很多功能作为备份或代偿的能力,有待于开发利用。从遗传学的角度讲,智商高低确实与基因遗传有直接的关系。相当于父母送给孩子的智能手机,有的存储空间容量是128GB的,有的是256GB的,表面看后者是前者的2倍。但是,功能的发挥是需要用软件来支撑的(相当于人脑的学习和训练),没有足够多的性能优异的软件和数据的导入,存储量再大的电脑也只是一个金属、硅片和塑料的堆积体。

同理，没有后天的刻苦学习和训练，再聪明的人也只是一个骨骼和血肉的堆积体。

我们虽然拥有发达的大脑，若无开发，那仅仅是一种潜能。人们喜欢把灵魂安顿在舒适区，而远离学习区，有时还会陷入恐慌区。《可见的学习和学习科学》提出，"思考并不是很有趣，首先它需要付出努力，需要消耗资源，这关乎人的精力的合理配置，而我们是资源有限的动物，大脑同时对各种需求做出平衡，同时思考还具有高度的不确定性。"因此，我们的天性并不是那么喜欢思考。美国教育心理学家威林厄姆说："人们通常尽量避免思考，而努力通过记忆来解决问题。教师面对着的是一屋子头脑不是专门用来思考而是尽量避免思考的学生。"面对着这样的学生，教师的主要任务就是带着学生走向真理，既要让学生迈出舒适区热爱思考，又要让学生学会理性思考，要让学生摆脱大脑的快速运作系统，即"依赖习得的常规和习惯"的简单思考，而是充分调动缓慢运作系统"付出代价，令人不适又需运用方法"的理性思考。

树人犹如树木。知识犹如叶芽，情感好比汁液，思维犹如枝干。有了枝干自然会不断生出新的"叶芽"，"叶芽"只有挂靠在"枝干"上才能不断生长，汁液也在枝干中运输，有了枝干情感也能自然流淌。这样的课堂才更具有一致性和生长性。因此，课堂要融入思维，用问题牵引。

"思维"是有力量的，它能够长成全貌，让机体获得"全能性"。我们教学中要聚焦问题背后的问题；要关注对简单问题深度思考；课堂要有碰撞，要有思维的火花；要关注问题的牵引；要关注问题群的整体设计；要落实多样化思维的建构；要关注思维导图。基于"思维"的理解，才是真正的理解，才能实现理解的通透，做到"解释、阐明、应用、洞察、神入、自知"。

例如，在血糖教学设计中，面对"血糖来路与去路、结构与调节、稳态与紊乱"这一错综复杂的问题，教学设计不能局限于局部或者某一个具体的小问题，本节要解决的关键能力是什么？本节问题的枝干是什么？能够让血糖枝叶去挂靠的是"模型与建模"，教师应该运用挑战性任务"尝试构建血糖平衡调节模型并运用模型阐明糖尿病病因"驱动本节课探究,课堂围绕建模而展开,如通过联系生活建构"血糖的来路和去路"初次模型;通过联系激素调节、神经调节建立"神经-体液-器官"二次建模;通过"糖尿病病因及症状"后期检验模型等。本节课以血糖为主题、探究为路径、思维为内核,将看似形散的内容用思维之神维系。

思维化设计是一种基于问题的学习(PBL)方式,这种学习更利于激发学生高阶思维参与,提升学生的思维品质。理解为先的教学,思维是内核,虽然教材内容发生变化,思维的内核不变,可变的是思维方式,如模型与建模、比较与分析、演绎与推理等,通过不同的内核驱动的课堂,既凸显了课堂生成性,更让课堂犹如动车一样"多轮驱动",让课堂内涵更丰富。

思维可塑,课堂加注思维

什么是课堂？课堂到底要有什么？如何串联课堂多个要素？课堂需要解决什么问题？我们先从课堂的元素来说,课堂有多种元素,包括过程、道德、实践、情感、思维、知识、情境等。美国教育家杜威提出的"教育即生活"的理念,说明生活就是教育的元素。德国教育家赫尔巴特说："我们可以将教育唯一的任务和全部的任务概括为这样一个概念——道德。"杜威也将道德教育作为学校的"最高目的和根本目的",说明道德教育是教育的元素。刘学民在《走进学习共同体》提出："教育的存在方式是生活,是做事,学、做合一是创造性实践过程。"教育是一个创造性实践过程,也是道德实践。这些都离不开"实践",思想家朱熹又把"知先""行重"看作实践道德的两个方面。由此可见,实践也是教育的重要元素,新课程改革也把"教育实践当成育人方式变革的重要方式"。教育也是需要有情感因素的,因为儿童首先是用情感来认知周围世界的,教育家苏霍姆林斯基提出："在课堂教学中要触摸到情感的脉搏,把情感的种子播撒在学生的心田里。"教育是有目标的,从美国教育心理学家布鲁姆的目标分类来看,他把教育的目标分为认知学习、情感学习和动作学习三个领域,情感学习也是教育的重要目标。当然,思维元素也是课堂内不可或缺的因子,教育家皮亚杰说："教育的目标不是去增加知识的数量,而是为孩子的发明和发现创造可能,塑造能做不一样事情的人。"这种可能在新课程里就是"关键能力",这种关键能力主要内涵就是学生的思维。

那么,课堂有如此多的指标因子,他们之间是什么关系？如何让课堂实现既有、又有、还有和更有的面面俱到，也能够通过聚焦关键少数，实现"牵一发而动全身"的教育思路。教育家李吉林对情境教学策略有一段概况颇有深意，他提出："教育应当要美为突破，思为内核，情感为纽带，实践为路径，周围世界为源泉。"我们通过诱发主动性来引发学生思考，通过强化感受性来引发学生产生情感，通过贯穿实践性来关注学生具身体悟，通过渗透教育性来关注学生道德形成，通过着眼发展性来引发学生生长。这说明这些因子是有联系的，思维是内核，思维是能动的、发展的、纽带式的，是引发学生认知发展变化的关键因子，是串联各种要素的关键指针。树人好比树木，若我们把知识看作"木之叶"，道德就是"木之根"，实践为"木之干"，那么思维应该是"木之汁"，思维的汁液流淌在根、干、叶中；思维是桥梁，嫁接了知识、情感、实践等教育要素；思维是一种能力，是自我认知的基础；思维是一种条件，是生成理性情感的前提；思维是一种核心，是实践发展的关键。由此可见，课堂需要注入思维，有了思维的灌溉，课堂才有了灵魂，学生有汁液的滋养，才能够不断生长。当代教育首先要摆脱通过"讲解"来获取发展的填鸭式学习方式，苏格拉底说过，教育的本质是点燃、鼓舞和唤醒。唤醒的是孩子心灵中的真、善、美。高中教育的目标是发展学生高阶思维能力，因此我们的教育也要避免通过"发现"的学习，避免低水平"活动式"的教学方式，简单的活动体验、理想化的探究看似培养了学生的兴趣，实际上学生关键能力发展的程度也非常有限。新时代的高中教育要结合两种教育模式的背景，教育内容的选择既要基于社会和学科需求，还要结合学生需求和认知特点来组织教学，这就是"通过思考"的学习（见表1）。

表1 教与学对比表

通过"发现"学习	通过"讲解"学习	通过"思考"学习
课程内容来源		
基于学生的兴趣和需求构建课程。	基于学科和社会的需求构建课程。	基于学科和社会需求以及学生的兴趣和需求构建课程。

续　表

通过"发现"学习	通过"讲解"学习	通过"思考"学习
学生学习的本质			
学生独立体验、探索和实现。	学生接收、复制和保持,以备将来应用。	学生思考、评估和总结。
教师角色			
教师是激励和培养学生的"动画师(animator)"。	教师是激发学生和传递知识的"指导者(instructor)"。	教师是组织和引导学生的"编创者(choreographer)"。

　　思维是可以变化的吗?《可见的学习与思维教学》一书提出了两种思维模式——固定型思维模式和成长型思维模式。固定型思维模式是一个信念体系,这种思维模式认为一个人有着先天注定的智力、技能或才华。成长型思维模式认为通过坚持、努力及专心致志地学习,一个人的智力得到发展。思维是成长的还是固定的呢?

　　思维的载体是人脑,爱因斯坦的大脑与普通人大脑在脑容量、脑结构等方面都是差异不大的,人人之间的差异点不在"容量",有研究标明:普通人的大脑利用了10%左右,而一部智能手机,多数人能开发利用的功能也就20%。也就是说,无论是人工智能还是人脑,都还保有很多功能作为备份或代偿的能力,有待于开发利用。从遗传学的角度讲,智商高低确实与基因遗传有直接的关系。相当于父母送给孩子的手机,有的存储空间容量是128GB的,有的是256GB的,表面看后者是前者的2倍。但是,功能的发挥是需要用软件来支撑的(相当于人脑的学习和训练),没有足够多的性能优异的软件和数据的导入,存储量再大的电脑也只是一个金属、硅片和塑料的堆积体。同理,没有后天的刻苦学习和训练,再聪明的人也只是一个骨骼和血肉的堆积体。因此,从脑容量和脑结构的维度上看,思维的载体是一个恒量,是固定不变。

　　《可见的学习与思维教学》提出:"智力不是一个固定的数字、试卷上的分数,学生必须理解智力在努力、毅力及动机基础上不断变化,思维方式可以一点点转变。"我们的神经是具有可塑性的,在我们整个生命过程中大脑具有变化、适应和自我"改变"的能力。思维过程包括学习和记忆,不是由单一脑区控制的,而是由多个脑区和神经通路参与。因此,从思维的本质来看,它是脑区之间暂时的连接,连接程度、广度、持久度都会影响思维品质,也就是说思维是可以生长的。

教育工作者对思维成长的认知方式很重要,我们的大脑不是容器而是处理器,学习是一个多脑并用的过程。教育者必须真正相信所有的学生都能成功,学生们也得接受这个信念体系,我们构建校园文化氛围要珍视智力的成长,并且在教职工中内化智力是可以培养的这一信念。我们要鼓励或者相信付出努力、动机、毅力以及在正确的教学策略下,所有的学生都能取得巨大的成功,这是一种成长型思维方式。遗憾的是,还有许多学生慢慢形成了一种固定型思维认知,他们在低年级是成长型思维,到了高中时带着这样的想法,即我们与生俱来拥有一个特定的、一成不变的智力水平或一种固定型的思维模式。因此,教育工作者要努力让学生摒弃这种想法,我们的教育策略要引导学生转向,转向成长、变化。我们要将表扬"努力"的相关词汇添加到已有的表扬陈述中,传达成长型思维模式的信息,"你看起来'聪明'"的表扬,则是在传达一种固定型思维模式。《有天赋的大脑是如何学习的》提出:"因为智力而被夸奖的孩子重视表现,而那些因为努力和勤学而被表扬的孩子珍视学习的机会。"我们的教育当然要鼓励学生的内在习惯、努力、认知方式等,而不是不断强化学生与生俱来的存在,那样的教育也就无意义,教育变成了"甄别"而不是"生长"。在教育过程中我们发现存在这样的误区,即一些有天赋且能力强的学生认为付出努力是软弱的标志。教育工作者要时刻关注这一点。

如何发展学生的思维呢?

一、我们要关注学生的脑多维度刺激

学习是一个多脑并用的过程。简单问题深度思考的前提是多脑并思,多感官并联,多效应器并动。《可见的学习与思维教学》提出,当人学习新事物时,神经元产生新的关联,这些关联随着实践和努力变得更加强大,关联越多,人的大脑神经越稠密,教学中应当尽可能给学生"情境、问题、冲突、挑战,让这些要素驱动大脑动起来。学习就是一个多脑并用的过程,教学中要尽可能运用多媒介刺激,让学生视觉、听觉、嗅觉、触觉、本体感觉、甚至第六感观都能发挥作用,从而刺激相应的中枢,包括视觉中枢、嗅觉中枢、各个触觉中枢等,这些中枢再由大脑皮层进行联动,从而形成优良而稳定的"认知结构"。未来,当他们需要调用这段知识时,一个感觉都可能触发机关。

二、我们要关注学生已有经验的作用

我们要知道思维是在碰撞过程中联系、建构、顿悟形成的,课堂中教师把教科书文本知识、学生经验、教师先行知识三者投放课堂共振。教师要善于让学生在已有中"知不足",知不足然后"知困",知困然后"自反"。因此,在教学中教师教学的发力点是学生的认知冲突,有冲突必然有好奇,好奇心是学习的发动机,一旦被激发,会产生无法阻挡的学习动力。教师应该持续把先前的知识和经验联系起来。学习经验如同被一根细线连接起来的神经元,每当新的学识得到训练及运用时,这个细线就会变得越来越强大。《学习的本质》中提出:"学习者不是一张可以让教师把自己的知识画在上面的白纸,学习者通过与过往所有解释和模式相吻合的个体阅读'框架'来破译课堂上的信息,学习应当以学习者的先有概念为出发点。"实际教学中,有的教师和学生脱节了,教了知识却丢了学生,教师用自己的思考代替了学生的思维。法国著作家阿尔贝·雅卡尔认为:"理解对于我们每个人而言和爱一样重要。这不是一件可以指派给别人做的事。我们不会让流浪者替我们去爱,也不要让科学家替我们去理解。"总之,教育不能离开学生本体,那样的教育就是虚假的、空洞的。

三、我们要寻找学生认知的缝隙

《可见的学习与学习科学》提出:"人的大脑天生不想思考,思考也不是很有趣?因为它需要付出努力,需要消耗资源,这涉及人的精力的合理配置问题,这不要与懒惰混为一谈,我们的大脑同时对各种需求做出平衡,我们是资源有限的动物,其次,思考有高度的不确定性。"实际上,人类有两个大脑操作系统,快速运作系统1(又称为自动化系统)——依赖习得的常规和习惯。当自动化系统失效时,缓慢运作系统2就会被调用,但调用这个系统需要付出代价和不确定性,会令人不适。因此,我们的思维通常会停留在舒适区。让学生的思维走出舒适区,进入学习区,从而远离焦虑区,这是教育工作者的又一重要使命。那么,如何才能让学生尽量思考而不是避免思考,尽可能摆脱惯性思维而采用系统2来思考问题呢?那我们就要"寻找知识的缝隙"。《可见的学习与学习科学》提出"我们被知识的缝隙所激发,却因知识的断层而懈怠。"教育工作者要恰到好处地找到那个"点",把握那个点,才能让学生拥有"最佳驱力状态",从而激发系统2。在寻找这个知识缝隙时,要真正接触学生,了解学生的情况,避免出现误判,教师也不能被教材所左右。对于年轻教师而言,经常出现的问题是"在教育教学知识缺乏的条件下,教师常常依赖于教科书的出版者,让他们来决定如何最好地为学生组织学习。而这些人对每一位教师课堂上的每一个独特的学生的情况一无所知"。对于有教学资质的骨干教师而言,经常出现的问题是他们低估了学习的难度,出现"知识诅咒"。有学者提出,教师的教学方法是去找一些论据使他的信息得以传递,他寻找的是一些巩固自身思维系统的信息,他确信,只要是对他来说行得通的,对学生也会行得通。教育要避免出现"专家盲点效应",也就是当人们掌握了某个技能,就会开始低估该技能的难度。所以,思维驱动的发力点在问题驱动,思维教学的难点在寻找知识的缝隙。

四、我们要带领学生像专家一样思考

既然思维不是固定不变的,是可以增长的,那么如何实现学生的思维高水平增长呢?教育工作者的任务不仅是实现学习者的情感体验、知识增长,更重要的是实现认知方式的优化。教育是一种知识的启蒙,即学知明理;教育是一种思想的修养,即学知悟道;教育还是一种方法的启示,即学知明法。这里的"法"就是认知,也可以说是元认知,卓越学习的制高点就是破解认知,学习者既能够有清晰的对自我思维的认知,也有对认知方法的认知。《理解为先的教学设计》中提到了理解的六个要素:解释(关于为什么和怎么样的知识)、阐明(演绎、解说和转述,从而得出某种意义)、应用(在新的、不同的、现实的情境中有效地使用知识)、洞察(批判性的、富有洞见的观点)、神入(感受到别人的情感和世界观的能力)、自知(知道自己的思维模式与行为方式是如何促进或妨碍了认知)。该书认为真正的"理解"应当是六个方面兼容并包的,既有知识的理解、应用,也有情感的认同,还有批判与生成,更有自我认知的升级。所以,教育工作者要带领学习者思维革命,去理解专家是如何思考的,才有可能让他们未来成为专家。作家纳博科夫说:"我思考时像个天才,写作时像个杰出的作家,说话时却像个孩子。"那么,如何才能像专家?"专家"和"俗家"的思维方式差异在哪里?教育工作者如何培养专家思维?

(1)我们要看到"人注意力是有限资源,要关注负荷"。《可见的学习和学习科学》提出了心智可用性问题,也就是大脑获取适合的信息和充足的认知资源去解决问题的能力。他认为人的认知会产生负荷,随着认知负荷的增加。从数量上看,当项目多于 4 个的时候,思考质量就会急速下降。从时间上看,当注意力集中超过十分钟的时候,就会出现认知过载问题,从而出现自我损耗,简单性无趣和心智游移。从生理学角度来看,脑组织糖原储备水平较低,脑细胞的血糖含量下降,会导致思维减速。因此,教育工作者在教学中要关注有限的"注意力",不要让认知超载,教学中要项目集成化,不要太多,要少而精,通过"可检测的学习目标、少而精的学习任务、丰富的学习资源集成、清晰的助学流程"促进学习高效地发生。在教学中要张弛有度才能不断产生新的高效十分钟,教学中要不断寻找驱动力,通过目标、问题、任务、项目等驱动学生思考,这样才能避免产生心智游移和简单性无趣。

(2) 我们要认识到"专家不可能通过搜索去学习",因为注意力有限和认知负荷问题,专家的在思考的时候不可能通过搜索去学习,那就损耗太多的资源,需要更多的时间,也容易产生认知负荷。《人是如何学习的》中提出:"人们提取相关知识的能力差异表现为'费力''相对不费力——顺畅'和'自动化'三个层面。自动化和顺畅提取是专业知识的重要特征。顺畅提取并不是意味着专家比新手更快完成一项任务,因为专家试图理解问题而非立即跳到解决问题的策略上,他们有时耗时比新手多。"书中提到专家的思维策略是理解问题,是通过知识结构化去认知,他们不是在搜索前进的。教育工作者要摒弃传统"知识观",知识的价值在于滋养我们的思想,而不是束缚我们的思想,在知识易得的时代,当下的教育不能满足于知识的有和无、多和寡,而是知识背后的目的。知识不是目的,它是思维增长的工具,是问题解决的工具,是价值生成的工具。新课程评价也提出新的评价理念应当是"知识为工具,问题为任务,情境为载体,素养为宗旨"。评价在引导教学的转向,教学中要从"知识观",转向"关键能力和核心价值"。犹太人把只有知识没有才能的人比喻为"背很多书的驴子",提高才能才是关键。因此,教育工作者要以知识为"媒",牵一发而动全身,用知去识,关注历史源头、内涵、情境、联系、运用等综合方面,让知识活跃度增加,才能真正实现知识的价值。

(3) 我们需要认识到"专家是通过大概念去联动、牵动、带动,从而引发深度思维的"。《人是如何学习的》提出:"专家能识别新手没有注意到的特征和模式的观点,专家按照大概念组织,新生知识极少按照大观点来组织,他们更通过直觉寻找正确公式和贴切的答案。"同样,专家的认知是有导航的,是结构化的,有关键词索引的。《人是如何学习的》指出:"专家的知识不仅仅是对相关领域的事实和公式的罗列,相反,它是围绕概念或大观点组织的,这些概念和观点引导他们去思考自己的领域。"因此,我们要在意的不是知识的广度,而是思维的深度、逻辑的黏度,教学中要避免《可见的学习与思维教学》提出的"一英里宽,一英寸厚的问题",也就是通常进入下一主题前,只触及一些表面性的事实知识。在教育中课程要按照概念来组织。《人是如何学习的》提出:"课程应当按概念理解的方式组织,当下许多课程设计的方法使得学生难以进行有意义的知识组织"。新课程围绕"大概念—重要概念—次位概念"多位一体的展开,这样的课程设计不同于以往,本轮课程改革更加接近"专家"的思维方式,也就是通过"大概念和大观点"来组织。因此,在教学中教师要有"大"的意识,要去粗取精,要"结构化和体系化"去组织学习,通过"内容聚焦大概念,教学过程重单元,学业评价为杠杆",让学生建立概念体系;要"基于情境和经验"去组织学习,让学生形成认知体系,通过认知结构的优化实现知识结构的形成。当然,也可以通过知识结构的建立反哺认知结构的升级。《可见的学习与思维教学》提出:"教师持续把先前的知识和经验联系起来,这一点很重要;学习经验如同被一根细线连接起来的神经元,每当新的学识得到训练及运用时,这个细线就会变得越来越强大。"教学是基于既往已知通向向往未知的过程,也就是带着学生走向真理的过程,这个过程需要教学者和学习者一起在将教科书文本知识、学生知识经验、教师先行知识三者投放课堂共振,这样运用神经元之线进行的"穿针引线",才能让学习者感知教育之大。

(4)我们需要认识到"教育认知策略不等同于学科认知策略",教育是复杂的领域。首先,教育者需要有专家级的素养。有研究发现,学生看中知识渊博且能干的老师,拒绝从无能的成人身上学习知识。马尔科姆·格拉德威尔在《眨眼之间:不假思索的决断力》一书中提出了瞬间决断效应,他认为学生在与教师接触的非常短的时间内——短则10秒,就开始评价教师。学习者会"感情用事",他们很多时候是用感情在学习,所谓"亲其师而信其道",这就需要教育者拥有学习者能够仰慕的学识,让他们能感受到落差或者说代差,要有让学生高山仰止感觉。我国提出"四有教师"的理念,包括4个一级指标,12个二级指标:"有理想信念包括爱党爱国、爱岗敬业、乐于奉献;有道德情操包括为人师表、团结协作、廉洁自律;有扎实学识包括严谨治学、科学施教、与时俱进;有仁爱之心包括以人为本、关爱学生、公平公正。"学识是立教之本,教育者要有卓尔不凡的气韵。为此,教育者需有"善学尽其理,为研究其难"的学术精神,当然也要有"敢探未发明的新理,敢入未开化的边疆"的创造认知,探索教育的精神。其次,教育还涉及两个最为复杂的领域——社会学和心理学,学术专家并不一定就是教育专家,当专家掌握了某种知识时会低估问题的难度("知识诅咒"),专家通常还不善于交流他们所做的事,他们拥有组织良好的知识,但却是高度的概括化,一般只能被熟悉该领域的人所理解。专家能做的和学生目前需要的之间也是存在差距的("专家盲点效应")。《人是如何学习的》中提出:"教育教学知识不等同于一个学科领域的内容加上普通的教学策略。不同的学科的教学策略也是不一样的。"因此,教育家既要有勤学笃行,求是创新的"躬耕态度",更难得还要有启智润心、因材施教的"育人智慧"。日本教育学者佐藤学提出:"教学实践有语境依存性、价值多元性和理论复杂性,因此,没有放之四海皆准的教学方法,使教学充满不确定性。"这就需要"闻斯行诸"的智慧与"润物无声"的艺术,这种智慧就是教育之道,是叩开教育之门的钥匙。掌握这种智慧需要教育者"学道",通过心理学、教育学、社会学、认知科学等多领域的触类旁通学习,让教育更有"理";掌握这种智慧需要教育者"践道",耳闻不如目见,目见不如足践,教育工作者在实践中亲力亲为,在做中学,做中教,做中求进步,才能寻得教育的真经,让教育更有"度";掌握这种智慧需要教育者"悟道",读书,行走,经历很重要,但更重要的是思考,总结,怀疑,反思。悟是形成绝学的必由之路,王阳明通过"龙场悟道"悟出阳明心学,教育者也要通过"悟"将学习的他者经验和实践的亲身体验结合后,逐步形成自我认知。

五、我们要带领学生从浅表学习走向深度思考

深度和锐度是思维的重要指标,当下的课堂还存在"虚假繁荣"的现象,比如,课堂里"浅表性"问题很多,学生可以"不假思索"地对答如流;课堂里"主导性"话题很多,这不是教师助产、学生自己在走向真理,而是教师带着真理走向了学生;课堂里"个体性"任务很多,学生不需要借助朋辈的力量,靠自己就可以触手可及;课堂里"文本性"内容很多,学生不需要通过探究、实践,就可以掌握相关理论。我们在许多课程设计或教学中,使得学生难以进行有意义的知识组织,通常在进入下一主题前,只触及一些表面性的事实知识,事实上形成了《可见的学习与思维》提出的教育的"一英里宽,一英寸厚"的问题,以上这些"看似多"也造就了学生"所谓少",学生学的不通透、不精细、不明白。

高中教育是基础教育的末梢,具有承前启后作用,高中教育需要指向"高阶思维",这就需要拥抱"深度学习"。美国学者弗伦斯·马顿和罗杰·萨尔乔在《学习的本质区别:结果和过程》中对深度学习和浅层学习进行了开创性的探讨。我国学者黎加厚在《促进学生深度学习》一文中指出:"深度学习是指在理解学习的基础上,学习者能够批判性地学习新的思想和事实,并将它们融入原有的认知结构中,能够在众多思想间进行联系,并能够将已有的知识迁移到新的情境中,作出决策和解决问题的学习"。此定义在国内学者中被较为认可,他提出的深度学习包括了这些特征:① 批判理解:深度学习是一种基于理解的学习,强调学习者批判性地学习新知识和思想,把它们纳入原有的认知结构中,在各种观点之间建立多元连接。② 信息整合:信息整合包括内容整合和过程整合。其中内容整合是指多种知识和信息间的联结,包括多学科知识融合及新旧知识联系,将其整合到原有的认知结构中。过程整合是指形成内容整合的认知策略和元认知策略,使其存储在长时记忆中。③ 建构反思:是指学习者在信息整合的基础上通过新、旧经验

的双向相互作用实现知识的同化和顺应,调整原有认知结构,并对建构产生的结果进行审视、分析、调整的过程。建构反思是深度学习和浅层学习的本质区别。④ 迁移运用:深度学习要求学习者对学习情境深入理解,对关键要素的判断和把握可以在相似情境"举一反三",也能在新情境中分析判断差异并将原则思路迁移运用。⑤ 问题解决:深度学习与浅层学习的另一个重要区别就在于能否将知识运用到新情境中去解决问题。这里所指的问题不是那种套用规则和方法就能够解决的问题,而是需要在原有的基础上重新分析后才能够解决的复杂的问题。黎加厚教授从学习过程维度提出了深度学习的一些指标特征,也就是从知识的"输入—加工—输出"三个方面提出具有5个指标特征。我们如何在课堂融入以上特征呢?经济合作与发展组织(OECD)提出深度学习可以通过"引领性主题、挑战性任务、针对性学习、安静的时间"来实现。引领性主题:用来驱动和引发学生走出舒适区,引导学生对简单问题深度思考;挑战性任务:强化学生批判、整合、反思、建构,日本教育学者佐藤学也提出了课堂应该有三成的时间去挑战学习,即不教简单的内容,要给学生一定的空间去伸展跳跃;针对性学习:保障学习是基于学生个体已有认知和学情;安静的时间:给学生联想、批判、运用留下空间和时间,让顿悟成为可能。教学要能从团体返回到个体,引导学生与自我对话,将学习内化,教育的闭环是引导学生回头,从而悟道,也就是顿悟的艺术。这是一个"倾听—串联—反刍"的过程,每一个认真听取孩子答案的人都是具有革命性思想的人,有了串联和反刍,才能让学生拥有自我认知,才能实现学习的本我,这个过程不可或缺,也无人能替代。

钟启泉在《深度学习》中强调三个观点:第一,实现主体性学习。这种主体就是更多地关注学生"真实体验"。比如,在始阶段要关注问题的设定与预设,以实现让学生实现真实性情境学习,在终结阶段要关注学生反思与生成,这种学习是学生自我参与的过程,而不是教师他我代替的过程。第二,实现协同性学习。这种学习倡导不是彼此独白,而是相互倾听,课堂应当是共同体,课堂是摇动的过程,是影响的过程,教师只是点火者,教学要建立学习共同体。佐藤学提出了"学习共同体"的两个比喻。一个是"服装剪裁",另一个是"交响乐团"。所谓"服装剪裁",就是根据每一个人的个性特点因材施教,创设课程,就像裁缝进行量体裁衣一样,表现出对每一个人的尊重与适应。所谓"交响乐团",就是课堂上应该有不同的声音发出,表达出不同的意见、观点和想法,彼此呼应。通过共同体的建立,既能够因材施教,聚焦"唯一",也能够让人人参与,相互影响,实现"每一"。学习不是个体习得知识技能的活动,而是将个体带入"文化共同体"的过程,教学的关键也不是教材内容的教授以及规定学力的培养,而是追求能够带领学生经历具有文化、社会价值的学习活动,文化需要感知和浸润,我们的课堂需要儿童一起唱响同一首歌。第三,实现对话性学习。文字"學"上面有两个"乂"表示交往、交流。意指在成人的支持下,学生在与先祖的文化遗产,以及与同学之间的交往中成长、学习的。因此,学习不是静音模式,也不是飞行模式,而是交流模式,课堂是有声音的,应当有笑声、掌声、质疑声、辩论声;课堂应当是交流的,教师地位要放"低",好的课堂,上着上着老师就"不见了"。老师越"强大",学生就越不尽自己学习的职责。这就是佐藤学提出的教学的"无所事事的体贴"。课堂对话也应该是多维的,这种对话既有与客观世界的对话,格物致知,这让学生处理好"物我"的关系,也就是建构认识客观世界的认知性实践;也有与他者的对话,让学生处理好"他我"的问题,也就是建构伙伴关系的社会性实践;还有与自己的对话,让学生处理好"自我"的问题,也就是探索自身模式的伦理性实践。这种三位一体的对话,实现学生在"客观领域、社会领域、身心领域"全面生长,这样的学习是全面的,也是有深度的。

逆向设计,理解为先,教学评一致性

当下,还有很多教师对于课堂理解还局限于教,认为教等于学,实际上教了并不代表学了,学了也并不代表学会了。教和学进行了第一次主客转化,这其实和学生的认知方式、认知基础、认知意愿有着莫大的关系;"学了"到"学会"要进行第二次自我转换,也就是内化的问题,这与学生的加工方式——信息编码、信息注册、信息加工等方面有关系,因此"教了"到"学了"差了一条黄河,"学了"到"学会了"差的是一条银河。教师的课堂设计不能局限于教,更要关注学生如何、如何测评学生是否学会。

教学设计不能先有过程再有目标和评价,也不能只有目标、没有评价,同样不能目标、内容、评价自成一体,更不能是只有教学目的而不管学生的学习经历。我们的教学设计要将评价和目标关联起来,同时将目标、评价与过程统一起来。教学设计中应将评价前置,先考虑目标达成问题,再进行教学设计,实现教、学、评的一致性。这样的教学是基于学生在哪里、去哪里、怎么去的教学,是三位一体的科学的教学设计,这种融合了"目标、内容、评价、策略"的教学多要素的设计不是经验主义,而是多维度系统化设计。

教师需要有逆向思维,也就是不要先考虑做什么(策略问题),而是为什么做(方向问题)、做成什么(目标问题)、为什么可以做(学理问题),后面三个方面往往是教师忽略的问题。逆向思维就是要把这三个问题"重拾"。为什么要做?这是方向问题,不仅有学科逻辑,也有生长逻辑,还有育人逻辑。我们要寻找影响学生生长的指标因子,然后施教,才能更符合教育的逻辑。

首先,"逆向"教学是指关注目标、评价、教学是否保持一致性,甚至全链条的一致性问题,包括目标、教学、评价、作业、阶段测评等方面,形成教学闭环。现在教学中还存在着"用备课组准备的学案、教师自己的教案、市场买的资料、随机生成的测评卷"去教的问题,在资源丰富的时代,也需样样都是精品,但它们严重脱节,各自成体,缺少逻辑,只能让学生认知碎片化、肤浅化。

其次,"逆向"教学是要关注几项目标的一致性,即活动目标、课堂目标、单元目标、模块目标、课程目标的一致性、逻辑性。新课程在素养监测中提出了素养测评的概率,素养测评关注的是学生的学科素养如何层层递进、拾级而上的问题。要实现这种关联和递进,教学者需要整体设计这些目标,把小的放进大的里看,也就是把"活动目标放入课堂目标""课堂目标放进单元目标""单元目标放进模块目标"……只有这样目标递进,才能有学生的素养递进。

再者,"逆向"教学是逆向到最根本的问题、最大的目标这些点上来。也就是我们教育最高目标、根本任务和教育价值。我们在教学中对目标的关注不能局限在小目标(如课堂目标、单元目标),还要转向或聚焦更大方向,即如何培养人、培养什么人等根本问题。

最后,"逆向"教学也要关注学生理解的程度问题,《理解为先的教学设计》提出了理解的多要素性,包括"解释、阐明、应用、洞察、神入、自知",学习者只有做到能够解释原理、阐明意义、迁移应用、洞察观点、感受情感、关注元认知,这才是高中教育期盼的深度理解,才能实现知、情、意、行多维提升。

在教学过程中我们不仅要关注内容和策略,更要逆向思考方向(去哪里)和评价(到哪里)等问题,这种目标还有不同层级,我们既要关注教学评一节课的一致性,又要保障不同层级目标的一致性,还要关注理解的多要素(知、情、意、行)的一致性问题。只有这样的逆向思考,溯源而上,才能有"教法自然"的顺流直下。

目标融合,做专业的教学案设计者

教学需要目标牵引犹如航海需要导航一样,目标犹如灯塔照亮我们教育前进的方向。为此,教育家们创造了多种"目标概念",包括:课程目标、教学目标、单元目标、培养目标、教育目标、行为目标、展开性目标(生成性目标)、表现性目标。

在不同教学背景下,各种目标发挥着各自的重要作用,驱动着教师的教、引导学生的学、引领着学校的管等。比如,课程目标既关注学生学会核心知识(行为主义关注),也关注学生怎样学习(建构主义注重),还关注提供一种促使他们自己去学习的情景(人本主义倡导)。这就需要教师的教学,既要有具身实践的学习形成刺激反应,也有思维学习形成思维和认知结构,还要有情境学习,形成主观体验。展开性目标认为教育基本上是一个演进过程,而且它是渐进生长的,我们的课堂不应以事先规定的目标为中心,而是以过程为中心及要根据学生在课堂的表现而展开。表现性目标则关注学生情感、态度、价值观等方面的达成情况。

在实际教学过程中,如何善用各类目标引导教和学?三大目标相辅相成,展开性目标和表现性目标作为行为目标,也就是泰勒的目标的补充形式,而不是作为对立面。展开性目标更关注生成性问题;行为目标则聚焦预设达成;表现性目标侧重隐性内容外显。我们在制定教学目标时,既要有三位一体考量,也要有所侧重地选择。叶圣陶提出"教学有法,教无定法,贵在得法",教育目标的选择也应当根据实际的需要,若教学重点放在基础知识和基本技能上,行为目标的形式比较有效,比如理论复习课;若培养学生解决问题的能力,展开性目标的形式比较有效,比如项目化学习;若要鼓励学生创造精神,表现性目标的形式较为适合,比如探究性学习等。

教育学既涉及社会学,还涉及心理学,它是一门科学(严谨性)。我们的教学设计应当包含"目标、内容、策略、评价、作业、教材、学生、教师"等全要素,更应该做到"目标前置,素养可测,内容紧扣,评价闭环"。这些要素中的关键是"目标",它实现了对各种要素的串联,目标是素养的具体化,是内容的形式化,是评价的数字化,因此教学者在教学中要时刻紧扣"目标",把目标融进各种要素,把目标落实的具体细节中去。

目标关注的是我们在哪里和去哪里问题。《理解为先的教学设计》提出:"学生应该知道什么?理解什么?能够做什么?什么内容值得理解?什么是期望的持久理解?在阶段一中,我们思考教学目标,查看已发布的内容标准(国家、地区),检验课程预期结果。设计流程的第一阶段需要明确学习内容的优先次序。"我们的课堂常因目标不明、材料选择不当、问题提出不合理,让学生陷入"知识的诅咒——当人们掌握了某个技能,就会低估该技能的难度"。《可见的科学与学习科学》提出"我们被知识的缝隙所激发,却因知识的断层而懈怠",比较形象描述了目标或问题选择的恰当性是教学的重点和难点。明确目标方向后,还要目标解构化。首先要确定的是正式的、长期的目标,这能避免教学出现重点不清、知识割裂和目标偏离等问题。正式、长期的目标需要教师认真学习和理解课程标准,把握课程标准的核心思想,提取课程标准对学科育人目标的总体目标。再细化至每一年段、每一册书的具体目标(实现上述多位目标一体化)。这一点将有助于教师真正开展"依标教学"。教师可模仿课标大概念—重要概念—次位概念逻辑去解构目标,层层分级,形成目标路径。

有了目标,教学者还要寻找证据去扣目标,证据指导着内容(承上启下)。我们如何知道学生是否已经达到了预期结果?哪些证据能够证明学生的理解和掌握程度?我们要根据收集的评估证据(用于证实预期学习是否已完成)来思考单元或课程,而不是简单地根据要讲的内容或是一系列学习活动来思考单元或课程。因此,我们的教学设计应当做到"素养可测化、证据可视化、逻辑清晰化"。林忠玲提出了促进学习真正发生的助学案的四个方面:① 可检测的学习目标,而不是诸如"理解课文内容内容"之类的概念化表达;② 少而精的学习任务,包含课前预习单、课中学习单和课后续学单,任务与任务之间形成从低级认识向高级认知攀升的阶梯;③ 丰富的学习资源集成,这些资源是学生自主学习的背景材料,可以是视频、音频、图片、文档等;④ 清晰的助学流程,对预学、课中学、续学任务完成的步骤、时长、方法等进行前置规划。教师需要像评估员一样来审视教学活动。教师在制定完标准之后,要考虑"获取什么样的证据""如何获取证据"来证明学生达到了预期结果,这些证据就是按图索骥的那个图纸,我们要把目标—理想跃然纸上。

当然,有了证据还涉及"如何去"的问题。我们依"标"逆向而上,才有能力飞流直下的教。如果学生要有效地开展学习并获得预期结果,他们需要哪些知识(事实、概念、原理)和技能(过程、步骤、策略)?哪些活动可以使学生获得所需知识和技能?根据表现性目标,我们需要教哪些内容,指导学生做什么,以及如何用最恰当的方式开展教学?要完成这些目标,哪些材料和资源是最合适的?为此,我们要以标选择、组装、建构,我们的教学应当有引领性的主题去驱动教学,要有挑战性任务去发展高阶思维,更要有持续性评价不断矫正教学方向。

在教学设计中,我们用多位目标设定去引领方向,用证据设定去具象发展,再用挑战性任务去激发潜能,用持续性评价去矫正方向,同时兼顾"WHERETO"教学全要素,W(目标),H(兴趣),E(支架),R(反思),E(评估),T(个性),O(组织)。一个教育者设计专业的方案,犹如医生的"处方单",尽量实现一人一案、一课一案。

情境融合，让学习者有身临其境的感受

美国教育家杜威提出"教育即生活""教育即生长"，教育即为"经验改造"。我国教育家陶行知的生活教育的理论可概况为："生活即教育""社会即学校""教学做合一""生活即教育"。两位教育家无论从何种角度去论教育，都不约而同地把生活、社会和教育进行了高度的关联，教育是生活的一部分，生活中也包含的教育性。日本教育学者佐藤学提出"课程为学习经验之履历""学习就是学生对这份履历的反思性实践"，这种履历必须基于学生的真人真事，基于学生已有认知，才能实现情感认同、认知冲突、迁移运用，这种学问才是真学问，学生才能真正有反思，才能有真情实感共情，甚至情感的流淌。因此我们的教学应当"融"有情境，从生活中来，到生活中去，把科学问题、生活经验、社会运用一起放到课堂中共振。

若再从教学二元论、学习转化论来看，教到学是主体转化，学到学会是内化体现，要实现深度理解需要经过两次转化。前一次转化需要更多考虑学生兴趣，这就是人本主义更加关注"知识具有个人的价值"的原因；后一次转化需要更多考虑学生认知水平和信息加工能力，这就是建构主义更关注的"知识的建构、顺应、同化"，只有接近学生认知的素材才更有利于学生搭建支架，有利于同化顺应。因此，可以说无情境不教育，情境应当是教学中必备材料，情境教学应当是教学工作必须要掌握的方法。

李吉林老师提出了情境教学法，他提出情境教学的五大操作要义：以"美"为突破口，以"思"为核心，以"情"为纽带，以"儿童活动"为途径，以"周围世界"为源泉。情境教学应当秉承"诱发主动性、强化感受性、贯穿实践

性、渗透教育性、着眼发展性"等原则。教学中有思维内核经线和社会情境纬线，两条线相互交织，才能织出美丽的布帛。

情境教学中应当关注以下要素：① 情境教学选用的情境最好是真实情境，真实情境更能引发学生共鸣，更能引发学生关切，认识到学习的价值和意义。② 情境可设为课堂教学的两端，做到问题从情境中来，理论到情境中去。我们既要关注生活中问题的学理化改造，也要关注理论的生活化应用，这样的教学问题不是海市蜃楼，虚假而不可即；也不是纯粹理论，高不可攀。③ 情境元素可以多元化，不仅包括生活情境，也有科研情境、生产情境，把多情境并用，既有生活的趣味性，也有科研的理论性，还与生产的实践性。比如，STS教学倡导科学、技术、社会的一体化融合，主要就是融入了技术、社会这两种情境；再比如，HPS教学倡导历史、哲学、社会的一体融合，主要就是融入社会的生活情境。④ 情境不应该只出现在课堂教学里，也应当融入教学其他环节中去。指向核心素养的作业应当包含以下特征：情境性、主题化、开放性、合作性、长周期，设计不同水平表现，这里面不能缺少了情境性。我们的评价更应当考查学生迁移能力，考验学生处理真实问题的必备品格和关键能力，因此学业评价应当体现"知识为工具，问题为任务，情境为载体，素养为宗旨"等原则。

学习是相遇和对话，是关系与意义的建构，是真善美的自我建构。一是认知、文化维度的思想建构，求真；二是社会、政治维度的伦理建构，求善；三是存在、反思维度的情感建构，求美。教学唯有将学理融合情境，真理才显得更真，情感才更富有理性。

课堂教学不能脱钩断链

教育是体系化的,有多个要素。日本教育学者佐藤学对教育体系的多要素进行了再定义(见图1):① 课程再定义:学习经验之履历;② 学习再定义:意义和关系之重建;③ 教学再定义:反思性实践;④ 学科再定义:学习文化领域;⑤ 学校再定义:学习共同体。这些要素基本都与课堂有关,教育主要在课堂里发生,课堂是学堂,不是教堂,是学生学习的主阵地,我们能从课堂里看到端倪。郭华教授说:"在课堂里看到未来。"教师的教育观、发展观、价值观、评价观都能在课堂里具体地呈现出来。

课程	学习	教学	学科	学校	教育
学习经验之履历	意义和关系之重建	反思性实践	学习文化领域	学习共同体	技术+教育

图1 再定义教育

课堂应该是什么样子呢?这个话题难以一言以蔽之,从内容上看,课堂应该多育并举,德育引领,智育驱动,体育固本,美育浸润,劳育具身;从环节上看,课堂的开头要引人入胜,中间环节需精导妙引,结尾应言有尽而意无穷;从策略上看,可以多种教学形式共存,比如,具身学习、探究学习、研究学习、实践学习等;从流程上看,课堂应当起于目标设计,也就是依标教学,从目标出发,设计教学,进行过程性评价、作业布置、反思性评估、学习矫正、总结性评价。这是一个全学习链,简单概括就是目标—教学—作业—评价—

反思—矫正—评价……这是教学全流程、全链条,只有具备了所有环节的教学,才符合学习的科学逻辑,才形成了教学的闭环。当下的教育存在两个问题:问题1——缺少其中相关环节;问题2——相关环节间相对孤立,出现了脱钩断链的情况。

课堂是课程实施的场域,课程包含的要素包括:目标、内容、实施、评价。因此,从课程观看,课堂应该包括教学目标、教学内容、教学策略、教学评价等因素;课堂是教学开展的主阵地,是学生相遇的过程(与自己的相遇、与客观世界的相遇、与他者的相遇),是师生反思性实践的过程。从教学观看,课堂应该包括师生反思、教学矫正、多样态评价等因素。结合课程视角和教学视角看,目标、内容、实施、评价、作业、反思、矫正等因素是课堂的必然要素,它们形成一套逻辑链、育人链,是课堂完整性的保证,它相互关联,相互补偿,相互交织,不可替代。比如,课堂目标是课堂设计的逻辑起点,课堂教学应当依标教学,教师不仅要有目标意识,还要有一体化目标意识,要将国家的教育目标、学校的培养目标、学科的教学目标、单元的单元目标结合起来,逆向设计,从目标出发设计教学。课堂目标既包括行为目标(泰勒目标),也有展开性目标和表现性目标。展开性目标关注教育是一个演进过程,学生渐进生长的,课堂不能仅示以事先规定的目标为中心,而需要以过程为中心根据学生在课堂的表现而展开。展开性目标和表现性目标是课堂目标的重要补充。若重点放在基础知识和基本技能上,行为目标的形式比较有效;若培养学生解决问题的能力,展开性目标的形式比较有效;如要鼓励学生创造精神,表现性目标的形式较为适合。再比如,课堂评价是课堂教学目标达成度的检测,是教师了解学情的依据,是教师检查预设与生成之间距离的必然方式,是教师依据学情调整预设目标、形成展开性目标的重要依据。评价和目标牢牢相扣,目标是靶标,评价是箭矢,我们的教学便有了方向。当下,部分教师的教学缺少完整性,有的教师的课堂教学没有目标或者目标不够完整(双新背景下的学科素养目标是多元的,既有观念层面,也有思维层面,还有方法层面,更有责任层面)。有的教师的课堂教学没有评价,教师以为教了就是学了,学了就是学会了,殊不知,教到学需要经历主体的转化,学到学会需要经历内在加工的过程,没有评价的课堂,必然会失了分寸,不知所以。也有的教师的课堂,缺少了反思环节,课堂是师生相互碰撞,相互启发,不断生成的过程,带有未知性、生成性、超越性,课堂是教师将教师先行的知识、学生生活知识、教材中呈现的知识一起放在课堂里共振的过程,这个过程需要师生不断反思,通过学思践悟,才能形成顿悟,才有豁然开朗和醍醐灌顶的感觉。所以,课堂应当有留白的环节,留白是一种艺术的手法,也是一种教育艺术。没有"空挡期"哪有"增殖期",我们的课堂不能陶醉于教师一个人的独白,而应当是师生一起学习的共同体(佐藤学称为"交响乐团"),交响乐团在奏响乐器过程中有起承转合,有抑扬顿挫,也有急缓停歇,这样才是美好的乐章,教育又何尝不是这样呢?还有教师的课堂缺少了多样化的评价,新课程关注到了四个维度的评价,即强化过程性评价、改变终结性评价、丰富综合性评价、探索增值性评价。这些评价分别从过程性、结果性、方向性、发展性提出了评价方式。有的教师课堂过度关注评价的"结果性",关注了目标的"行为性",忽略的其他要素,这样课堂的价值属性被人为地缩小,显得过于急功近利、急不可耐,也就会出现"岌岌可危""急火攻心"。

  课堂教学中不仅需要要素(目标、教学、作业、评价、反思、矫正)健全,更需要逻辑自洽,也就要求各要素相互补充、强化、验证,这样才能形成课堂"融合链",让教育既是一项技术,也是一门艺术,更是一个科学。这种课堂的"融合链"需要用线牵起来,形成目标—教学—评价—作业—评价—反思—矫正的结构,这种结构中既有组成考虑,也有顺序考虑,更有逻辑考虑。从顺序考虑,应当是先有目标,再选内容和教学策略,然后有依据目标的过程性评价,评价后还应当有作业强化和提升,后期还应当有阶段性评价,反思等环节。有的教师的教学,先依据教材的内容,依据自身熟悉的方法选择教学策略,全然不顾教学目标定位,这样的课堂教学设计顺序就反了,目标没了,教育的方向也必然错了。从逻辑考虑,教学的目标、教学内容、教学评价、课后作业等应有关联性,不应当是各自为政、自成一体。

第三章
基于融合教育的教学探索

有的教师的教学，出现了"脱钩断链"的情况，主要体现在以下几个方面：教的与目标无关，教的与评价无关，作业与教的无关。首先，教的与目标无关，主要表现在教师被写教材的人所左右。《人是如何学习的》提出："教育教学知识不等同于一个学科领域的内容加上普通的教学策略。相反，不同的学科，教学策略是不一样的。在教育教学知识缺乏的条件下，教师常常依赖于教科书的出版者，让他们来决定如何最好地为学生组织学习。而这些人对每一位教师课堂上的每一个独特的学生的情况一无所知。"教学中有三个要素——第一教材、第二学生、第三教师，这三个要素的组合关系不同，体现了价值取向完全不同。有的三要素的组合关系是老师带着学生走向真理，有的三要素的组合关系是老师带着真理走向学生，后者主要顾及的是教材、是内容，忽略了学生的具身参与，忽略了学生为主体的教学目标。教师被教材编写者左右，抑或是被教材内容所左右，都是忽略了学生，剔除了目标，这种目标与内容的脱钩断链会让教育偏离或迷失了方向。其次，教学与评价无关，主要表现在教师不是依据教学内容编制评价方案，而是依据先有评价方案去评价学生，这种教、学、评的断链，必然导致学生形成错误认知，也就是课堂无用论，学生逐步养成课堂走神不走心的习惯；这种断链也会导致学生听课行为得不到强化，渐渐失去课堂的幸福感、获得感，课堂变成了索然无味、弃之可惜的鸡肋；这种断链在评价中发现的"所谓的问题"还会让学生不知所措。再者，作业与教的无关，主要表现在教师选择一本成熟的市场化教辅书。相比于教材，教师有的时候对现有教辅书的依赖性更强，教师被教辅书的编写者所左右，这些教辅书编写者同样缺少对学生的认知，缺少对课堂教学情况的认知，因为教辅书编写者不教学，导致他们不了解学情。学生之间存在着天然的隔阂，这种隔阂可能就是海因兹提出的"知识的诅咒"，他认为知识的诅咒就是当人们掌握了某个技能，就会开始低估该技能的难度。也就是专家能做的和学生目前需要的之间是存在一定的差距的，也就是专家盲点效应。教辅编写者同样和学生之间存在的巨大的"盲点效应"。这种教学组织关系是教师—教辅编写者—学生，教辅编写者当仁不让占据了教学的"C"位,而他们这种因为"知识诅咒"而引发的"盲点效应",又误导了教师的教和学生的学,这种脱钩断链同样贻害无穷。在课堂教学中,作业是课堂的教学的闭环,是课堂的延伸,既可强化学生的学习内容,也能让学生在做中学,在学中乐,让学生能有成功的情绪体验,体现了作业的情绪价值属性。因此,作业环节不能省,教师对作业的"自我定制"不能省,教师唯有按照教学目标、教学内容、学情特征等要素私人订制,才能够更好地发挥作业的育人功能。当然,作业设计过程中,还需要关注多个标准,比如一致性、层次性、个性化、整体性、及时性、弹性、交叉性等。

课堂需有整体性,多种要素并存,缺一不可;课堂也有逻辑性,有机融合多种元素,从育人目标出发,遵循认知规律,遵循发展规律等科学原理、教育原理、身心发展原理。教育工作者要关注教育的要素融合,不能做脱钩断链似违背教育规律的事。

跨学科教学,弥补学科的缝隙

党的二十大报告明确指出:"教育、科技、人才是全面建设社会主义现代化国家的基础性、战略性支撑。"科教兴国,人才兴邦。教育、科技和人才,相互影响又相互促进。三者中科技是核心,人才是保障,教育是基础。新时代社会生产力提高的关键在人,人才不提高,社会提不高。人才发展的关键在教育,教育是赋能的领域,是未来所有新兴产业的"母业"。教育是有方向的,教育的根本任务是立德树人,教育的根本问题包括"为谁培养人",这两个根本就是方向性问题。教育也是面向人的,苏格拉底说过"教育的本质是点燃、鼓舞和唤醒。"教师点燃的是一把火,鼓舞孩子更加自信,唤醒的是孩子心灵中的真、善、美。教育家蔡元培把教育分成两个层面:一是"现象世界"的教育,服务于现实利益,另一个则是"世界观世界",指教育还应有一种对超越于现象世界的追求,培养人的信仰和信念。教育需要抛开一些功利主义,回到人本,这是教育哲学问题。教育还是面向未来的,《思维维度的教育》提道:"我们教育所为之设计的社会已不复存在,低年级学生毕业后又落后社会了。教育者要心怀社会变化不可逆之态度,重新设计课程,培养学生的适应能力和多样化才能。"我们不能让孩子落后于时代,教育是解放人,不能禁锢人,那样就成了"落后产能"。古希腊有个哲学家叫西塞罗,他说"教育的目的是让学生摆脱现实的奴役,而非适应现实。"教育需要有超现实性,这样才能成为行业的引领者。

当前,百年未有之大变局加速演进,技术、产业、社会各个领域都在加速演变,信息技术经历了从"单机计算模式形成机器相连的互联网状态"再到

"万物互联的物联网演变为云服务加持的人工智能"阶段,从中我们看出了"联合"的趋势。在认知领域,我们经历了从"牛顿传统体系"到"爱因斯坦相对体系"再到"量子纠缠体系",从中我们看到了事物已经不能从整体体系中剥离,他们存于体系之中。在教育领域,我们经历了从"双基目标"到"三维目标"再到"核心素养"时代,教育也更加地聚焦"知识结构化、问题的复杂化、学科素养化",这些变化为跨学科主题学习的产生提供了充足的土壤。

一、跨学科主题学习是培育学生核心素养的重要措施

教育的目的不是把学生培养成知识的"存储器",我们的大脑不是存储器,应该是"处理器",且是"双卡(左右大脑)双待"的高性能处理器;教育也不是培养知识技能的组合板,知识不是割裂的、拆分的,板与板之间是有缝隙的,是无法勾连的。教育是培养人。德国哲学家康德说,"人就是目的。"儿童哲学创始人马修·李普曼提出:"教儿童学会思考是儿童哲学教育的总目标。"在这个视角,从培育学生核心素养的角度重新看待课程及育人价值非常必要。当下的课程是分科设置,它的出发点不完全是"人"的视角,它的内容更多以"学科"视角呈现。学科视角当然重要,我们不能想象完全没有学科支撑的教育是什么样子。但是,生活不是分科的,问题不是分科的,思维不是分科的,思想也不是分科的。比如,科学和艺术是不分科的。达·芬奇说:"欣赏我作品的人,没有一个不是数学家。"我们现在提倡创新,实际上创造也需要跨学科,版画大师埃舍尔的作品《天与水》《瀑布》表现得魔幻又极具真实,这需要画家对"分形、对称、双曲几何、多面体、拓步"等数学概念进行艺术表达。2008年《科学和技术心理学期刊》发表的一篇论文指出:"美国国家科学院成员、英国皇家学会成员、诺贝尔奖得主具有艺术或手工爱好的可能性分别是普通科学家的1.7倍、1.9倍和2.85倍。"以哲学家身份闻名于世的罗素,获得过诺贝尔文学家,也是著名的数学家、逻辑学家、历史学家。有成就的大家都不能囿于一个学科。当前时代呼唤拔尖创新人才,

那么,创新能力如何培养?我们的教育还差些什么?跨学科的课程和教学应该是关键要素,没有经历跨学科课程的熏陶,人对学科内在的理解是相对的,创新是具有时代局限性的;没有跨学科教学的培养,人对学科间的地带是模糊的,创新是存在大量的空白点的。既然生活是全景的、问题是全科的,那么教育应当是全科的、跨界的、问题导向的,这样才能成就"全人"。培根说:"读史使人明智,读诗使人灵秀,数学使人周密,科学使人深刻,伦理学使人庄重,逻辑修辞之学使人善辩。"这段话既彰显了每一个学科的角色地位,也道出了学科交融的重要性。

二、学科本身就具有跨界性

实际上,学校分科课程是相对的,几乎所有课程都是综合的,物理学是电学、力学、声学、光学的综合;生物学又是细胞学、分子学、遗传学、生态学的综合。从这个角度来看,跨学科课程无处不在,无时不有。跨学科也不是什么新事物或舶来品,它就在教师的日常教学中、学生的日常生活中。学科内不仅存在跨学科,而且跨学科活动可能是学科的核心。跨界创造的互动、重组对于知识的生产和组织非常重要,对跨界的忽视将会带来学科性的衰弱。因此,学科要主动长出去,要用学科去"链接"其他,学科有了跨界,学科才是有机的、包容的、生长的。教育不能局限于一个"点",还要带出"线",更要形成"面",最后才能长成"体"。比如,生物学中蛋白质是"点",细胞的物质是"线",物质与结构是"面",自然界和生物各类物质长成"体",这样从点到体的多位一体的教学,让教学入学科内,又能出学科外,有利于学生物质观、结构观、系统观、发展观的形成。实际上,有研究者认为,学科的概率是人为的,现在正分解为一个后学科世界。当下我们对学科知识要有新的理解。夏雪梅在《跨学科学习》中提出:"知识的隐喻已经从基础和结构的静态逻辑转变为网络、系统和领域的动态属性。"当下的知识之变暗含着教育也要因时而变的道理,学科内之跨是教育的有机组成。

三、跨学科学习有利于心智模式的发展

教育要从生活出发，生活中的现象和问题本身具有融合性，他们会"催化"学科的进化。真实世界中的现象、问题会打破学科之间的壁垒，催生新的学科理解，甚至产生新的交叉学科。比如，研究者们发现计算机语言中"数字"和生物学语言中的"碱基"具有共通性。只不过一个是 0、1 两个数字，一个是 A、T、G、C 四个字母，从这个意义上说，信息世界和生命世界是具有互通性的，碳基生命、硅基智能是具有连接性的，机器可以借助人去形成人工智能，从而赋予机器生命；反之，人也可以借助机器去形成脑机接口，从而赋予人更多的能力。这种跨学科理解促进了"生物—数字"的新兴研究。研究表明，跨学科学习不仅催生新的知识，更会促进新的心智模式的发展，促进知识之间的组织理解。经济学家汪丁丁教授认为："跨学科学习是问题导向的而不是教科书导向的。"学生要习惯于思考没有确定答案的问题，问题的开放性和不确定性会支持学生用批判性的眼光重新确定合理的知识边界。他认为："知识不再是一堆静止的概念，而是从中生发出独立之精神与自由之思想，这些真是跨学科学习的本质特征。"新课程背景下要发展学生的关键能力，这种能力的关键要素是思维，印度哲学家克里希那穆指出教育的真正意义，是培养智慧，让人借着它找出所有问题的答案。《可见的学习与思维教学》提出了"思维是可以生长的——成长型思维模式，而不是固定型思维模式。"但是，我国的教学体系建立在"教师权威"结构之上，教师往往是带着"已知真理"走向学生，而不是带着学生去"发现问题，思维碰撞，从而挑战所谓真理，进而获得真正的真理"。因此，在高中阶段，在我国学生中的思维短板是批判性思维，4C（合作、交往、创造、批判）教育是当下教育的重点，其中的批判性思维培养又是教育的难点。教育培养的主要不是确定，而是让学生否定，从而在否定之否定中形成肯定。学习要有疑问，古人说："学贵有疑，小疑则小进，大疑则大进。"罗素说："你教的学生开始怀疑

了,你的教育就成功了。"让学生怀疑、提问是当下教育重点。那么,我们又通过何种方式让学生质疑呢?跨学科学习通常更能够促进"强批判性思维"的发展,而学科学习通常更能促进"弱意识的批判性思维"的发展。跨学科学习能让学生更富有批判性地认识到单一学科的不足,促使学生从不同的学科视角综合考虑问题。跨学科学习需要学生识别不同学科中对立观点的假设及背后的价值观,学生要发展一种"多逻辑思考"的能力,即在对立的观点和相互矛盾的参照系中准确和公正地思考的能力。

四、跨学科学习中学科内和学科外的关系

首先,跨学科学习不能摧毁学科课程体系的深度和自身的逻辑性。一味地强调跨学科学习有可能会忽视人类几个世纪以来形成的严密的学科结构。学科教学在教育中显然具有不可替代性,这个不是孰优孰劣的问题,这是一个如何配合的问题。通过学科教学培育思维方式的同时,可通过跨学科的教学培育学生通用能力。

其次,跨学科学习应该是基于学科的,跨学科是一个"汇"不是"源",我们不能用跨学科学习完全取代学科学习。跨学科学习有可能会减少传递"强有力的知识"而只关注一般性知识。教学中既要关注学科学习和跨学科学习的比例,2022年版课程方案中提到的10%的课堂时间进行跨学科教学给学校提供了一个参考值。教学还要规避热热闹闹活动的问题,在进行跨学科学习时的选题要关注那些学生在自己日常经验中、在家庭中不太有机会获取的"强有力的知识"。同时,跨学科学习的目标定位不能仅指向通用能力或只定位于大概念,跨学科学习的目标需要整合具体知识、实践、概念等不同维度的目标,让学习源于学科,又高于学科。

再者,学科和跨学科学习要相互融合

人们通常用"支柱"和"门楣"来比喻学科和跨学科之间的关系,二者之间有机联合不可偏废。跨学科学习的视线必须依赖各学科科学习得的坚实

基础。学科学习让学生具有了跨学科的基础条件，跨学科学习要让学生感受到学科的价值，要让学生有进行学科学习和探索的机会。实际上，在深度的跨学科学习中，学生会经历发现具体而真实的问题（跨学科视角）—界定需要理解的问题（学科视角）—综合不同学科解决问题（跨学科视角）—抽象提炼原理（学科视角）的过程，这样的学习让学生感受学可以致用，用可以致学。

五、如何开展跨学科教学

跨学科不是学科简单加法，犹如把各类水果（学科）做成拼盘，这是拼学科，水果之间是没有联系的；跨学科也不是多学科之间组成的图景，横看成岭侧成峰，不同视角各不同，那样虽然是景色，但却无法形成"共识"。跨学科是要真正融合在一起，学科之间相互印证、支撑、混合，跨学科是"果汁"，这样就形成了一个新的"果汁"品种。有学者这样描述了跨学科学习：

-选取水果（即学科及其见解）并非随意为之；

-水果混合（即整合进程）改变了每种水果（即学科见解）；

-混合果汁（即整合结果）与所有配料相比，是某种新的东西；

-制造混合果汁包含的活动（即跨学科研究进程）。

这种隐喻可以帮助我们更好地理解实践中的跨学科学习，避免问题的简单罗列、知识的一味堆积、活动的各自为政。

跨学科学习应该是有其目的性的，即促进学生的认知进步。真正的跨学科学习应当具备五个关键特征。第一，有真实的目的，这种目的源自生活、是真实情境、是复杂多学科背景，不是虚构的，不是单一学科，是多学科交叉才可以解决的问题；第二，要有跨的载体，要通过主题、问题、现象、概念去跨，这样的跨届才能更加聚焦，才能更有纵深；第三，有多学科基础，跨学科要基于不同学科，又要高于学科，在学科内探微，在学科间连接，最终形成系统；第四，有创造性和探究性过程，《走进学习共同体》提出："教育的存在方式是生活,是做事,是教育。学、做合一是创造性实践。"教育是教人们如何运用知识的艺术,这是一种很难掌握的艺术。难以掌握的原因之一,就在于它的创造性。跨学科更是"无章可循",这就是一个探究过程,反过来,探究活动往往也是跨学科性质;第五,要有跨学科理解,跨学科的目的不是限于学科,而是要有新的认知,这种认知是基于多学科产生的,这种认知是在探究后切身体会到的。

第四章 学科建设中的融合教育实践

第四章　鲁迅中后期杂文论十题

基于强化"科学本质"的高中生物教学策略

新时代背景下,社会对人才的定义发生了变化,作为人才培养基石的基础教育改革顺势而为。新课程提出发展学生的核心素养,包括必备知识、关键能力、核心价值。这就要求教师在教学中去粗取精,使学生通过学本质,形成人的核心素养。

各个科学课程标准都提出了"科学素养"概念,去回应核心素养提出的"科学精神",回应新时代提出的"人才是第一资源、科技是第一生产力、创新是第一动力"的问题。这三个"第一"要落实在教育中,落实在基础教育中,高等教育培养的是创新能力,基础教育培养的是创新精神。基础教育关乎人的兴趣、想法、意愿,是挖掘学生潜质的重要阶段。所以,科学素养要从娃娃抓起,基础教育阶段的学校要关注科学教育,要在课程、教法、评价、环境等方面一体化设计,要在课堂、家教、社区、高校等多领域开展科学教育实践活动,要在课堂中挖掘科学精神、开展科学实验、做好科学研究、做好科学孵化、感受科学前沿……让科学精神的光芒照进中学生的学习和生活。

若科学知识是树之叶,那么科学思维就是树之干,科学精神就是科学之魂,后两种才是科学学科教学的"无用之用",才是教育的诗和远方。教育尤其是基础教育要基于"科学本质"向下扎根,才可能有更多的向上生长空间,才能实现启智润心、培根铸魂。因此,当下的科学教育要"反其道而行",不能局限于一个学科,而是要把学科变成科学;不要拘泥于一个知识点,而是要把知识变成结构化知识;不要限制于科学知识,而是要关注科学思想、科学精神、科学方法等。这样的科学教育更富有思想意蕴,更让学生梦寐以求,学生才会在科学探索之路上孜孜不倦、上下求索。

学科教学要关注学科本质,要将科学本质融入学科教学要素。《普通高中课程标准》也提出了高中教学要注重科学史和科学本质的学习。但随着学生年龄的增长,学习内容呈现学科化、专业化趋势,学科教学往往囿于学科本身,自然科学共性特征如科学本质呈现边缘化趋势。教师要有意识地"逆势而动",改变教学策略,利用"学科"学习"科学",利用"学科知识"探索"科学本质"。

美国著名科学教育专家莱德曼(Lederman)提出了科学本质内涵的八个维度:暂时性、理论负载性、实证性、创造力和想象力、观察和推理有区别、理论和定律有区别、科学方法的多样性、社会和文化的嵌入性。教师可以以上述科学本质多维度的发展为目标,组织内容,寻找方法,开展实践。教师可以尝试从本学科出发,通过"融合教学、科学史教学、情景教学、实验教学"教学策略跳出学科看科学本质,发展学生的学科核心素养。

一、融合教学中提炼科学本质

高中阶段教学呈现学科化、专业化趋势,对于学科共性特征和学科边界内容缺少有效关注。随着"立德树人的全面育人"理念的提出,教育反而需要进一步加大融合。高中生物学教师要有"逆势而动"的意识,尤其需要在学术化、学科化的同时兼顾学科内和学科间的整体化设计。近年来新兴教学形式(见图1),如 HPS(历史、哲学、社会融合)、STS(科学、技术、社会融合)、STEAM(全科融合)就是融合教学大发展的佐证,教师只有采用融合教学,从多学科角度考虑问题,才有"横看成岭侧成峰"的立体效果,才有利于学生辩证思维的形成,更有利于学生透过问题表象提炼学科共性的科学本质。

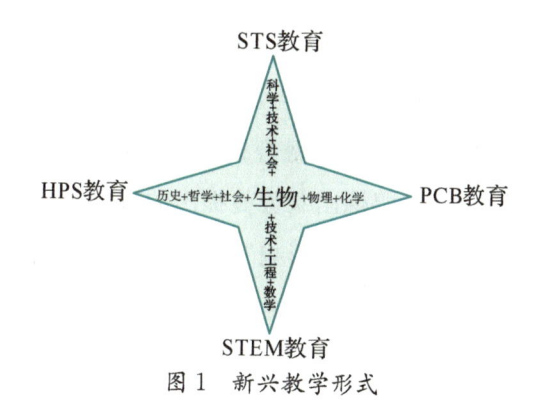

```
                    STS教育
                    科
                    学
                    ＋
                    技
                    术
         历史+哲学+社会+  ＋  ＋物理+化学
HPS教育               生物            PCB教育
                    ＋
                    技
                    术
                    ＋
                    工
                    程
                    ＋
                    数
                    学
                    STEM教育
```

图 1　新兴教学形式

融合教学首先需关注本学科与其他学科的融合，比如笔者所教的生物学科与其他自然学科有很多的融合点。不同自然学科有共同的话语体系，有相近的学科思想（如实证思想），有相同的学科方法（如假说演绎法）。另外，自然学科还有大量的涉及多学科的临界知识，它们是学术研究的盲点，是学科突破的难点，是参悟科学本质的堵点。教师要关注学科临界知识在不同学科的各自表达，在教学时可以以大问题牵引为出发点，以学科融合为着力点，以提炼学科共同本质为落脚点，最终通过大问题牵引式的多学科融合教学，实现从现象到本质的提炼。

在大问题"水分子跨膜运输方式及特点"的融合教学中，生物学教师要充当科学教师的角色，引导学生综合分析多学科，透视物质运输的科学本质：从化学"相似相容"原理分析，水分子是极性分子，而磷脂是非极性分子，因此水分子直接扩散的速度较慢，预测细胞膜上可能存在其他的极性分子（后来发现是"水通道蛋白"）协助水分子跨膜；从物理"布朗运动"原理分析，温度越高，水分子的跨膜速度越快，说明在一定范围内，温度越高越有利于细胞对水分的吸收；再从生物"渗透作用"原理分析，水分子移动与溶液浓度有关，浓度差越大运输速度越快。上述多学科的融合学习过程系统化解决了水跨膜运输的各种科学问题，包括物质运输的"方式、速度、方向"，更符合问题本然特点和学生认知规律，也有利于学生更全面了解跨膜问题，看清问题的科学本质。

科学本质还需要其他学科"内容、方法、观念"的助力,学科教师的课堂不仅是学科教学课堂,也是科学、社会学、工程学、数学多学科融合的课堂。教师要关注不同学科的融合,HPS融合教学有利于生命观念与史学、哲学、社会学观念的融合,有利于提炼出莱德曼提出的科学本质的社会嵌入性维度——"科学会受到社会和文化的影响";STS融合教学强调科学、技术、社会的全面结合,有利于提炼出"科学发展依赖技术推动"的科学本质;STEAM融合教学关注全学科的结合,有利于提炼出"科学是创造性工作,需要多学科支撑"的科学本质。

二、科学史教学中感悟科学本质

科学是一个发展的过程,科学发展经历了探索、发现、存疑、否定、再提炼的过程,科学发现的知识不是科学的全部,科学史的沉淀才是科学的精髓。学生对科学的本质感悟和理解既需要上文提及的跨学科的横向遍历学习,也需要对历史纵向的溯源。科学历史中有很多看不见的"隐性重要物件",这些并不陈列于学科的"历史档案馆"里,需要教师进行"考古挖掘"。新课程倡导科学史学习,生物科学史的学习能使学生沿着科学家探索生命世界的道路,理解科学的本质和科学研究的思路与方法,学习科学家献身科学的精神。

在科学史教学中,教师的任务不是对科学事件的简单堆砌,而是立足于学生感悟科学本质这个中心点去组织材料,通过对材料的筛选、甄别、组装后形成校本化、生本化的科学史教学素材。科学本质内涵丰富,既有科学知识本质,也有科学探究本质、科学事业本质。在科学史教学中,教师更要"独辟蹊径"寻找视角,促进学生更多地感悟到科学探究本质和事业本质,让科学巨匠的精神照亮莘莘学子。

在DNA双螺旋结构发现科学史教学中,教师可以巧妙地呈现科学家身份,让学生感悟科学探究本质和科学事业本质。教师给出先后参与DNA结构研究的科学家有富兰克林(英国化学家)、威尔金斯(英国生物物理学家)、沃森(美国生物学家)、克里克(英国物理学家)、查戈夫(美国生化学家),让学生感悟"科学探究需要跨国、跨界的精诚合作",使科学合作深入人心;让学生感悟"科学知识也可能随着研究的深入而改变"的科学本质,认同科学研究需要不断继承和发展。在克隆羊科学史教学中,教师呈现科学研究数据——"科学家经过了277次的实验后才有克隆羊多利的诞生",使学生感悟"科学实验往往会经历大量的失败"的科学本质,认同科学工作需要反思、重复与坚守才能触及灵魂。在遗传物质的发现科学史教学中,教师又可以独辟蹊径地呈现科学争议的史实,让学生感悟"科学需要争论、论证和基于证据的争论的意义",促进学生各抒己见,培养学生的质疑精神。

总之,教师只有把科学和历史的经历、故事结合起来,才能使科学知识更具有方位感、立体感,更有利于聚焦或触及科学本质的一些隐性内容。

三、情境教学中参透科学本质

学科本质是学科所包含的知识体系及本学科独有的思维方式和探究方法。学科本质是科学本质的组成部分和丰富发展,是科学本质的具体体现。生物学教学中指向学科本质的教学有助于学生在生物学科情境中参透科学本质,这是学科存在的重要价值。教师可将科学问题"隐藏"到学科情境中,让问题富有真实感、理论性、逻辑性,有利于学生参透科学本质。

学科情境教学就是要还原复杂问题的真实学科背景,教师可有意识地把一些"结构不良的生活问题"放到生物学科情境中去透视;通过复杂问题的学科化、学科问题的情景化,培养学生理论联系实际、还原问题真相、参透问题本质的能力。

社会生活中的很多热点问题会关联生物学科,即"社会科学议题(SSI)",可作为情境教学的素材,如转基因食品中涉及的"提高产量与基因污染问题"(议题1),生态工程中涉及的"环境保护与经济发展问题"(议题

2),克隆技术中涉及的"治疗型克隆问题与社会伦理问题"(议题3)。教师可以把这些社会热点兼具科学性的议题迁移到生物课堂中开展学科情境教学,让学生有别于普通大众运用生物的学科本质(知识、原理、技术)科学化解读这些SSI。议题1涉及通过控制转基因位置防止基因随花粉扩散,防止基因污染;议题2涉及生态工程的整体性原理需要兼顾社会问题、经济问题、环境问题,能够解决发展和保护的问题;议题3涉及控制克隆组织发育的时间解决克隆器官还是克隆人的问题。针对社会话题所开展的学科情境化辩论可以让学生形成科学精神,发现科学本质:① 科学发展具有暂时性——科学知识可能随着研究的深入而改变;② 科学发展具有理论负载性——科学工作需要高度关注主观因素的影响;③ 科学需要关注社会文化嵌入性——科学会受到社会和文化的影响。这些热点话题的学科化讨论,促进学生运用学科知识,发展批判思维,也给学生参透科学本质提供了契机。

"晦涩难懂,虚幻飘逸"的科学本质需要学科情境和生活话题的借力转化,教师可通过设立发展科学本质若干维度为目标,通过寻找社会与学科可结合的SSI话题,借学科情景之力催化科学本质的显性化,让学生学会将"生活问题学科化,学科问题科学化",促进学生从"个"到"类"的学习质变。

四、探究教学中发现科学本质

基于实证是科学本质的重要内容,自然科学是建立在实验基础上的科学,实验是实证研究的重要方式。科学本质三要素——知识、研究、事业的形成都需要经历探究过程,知识的本质需要在探究中发现,探究的本质在探究中经历,事业的本质在探究中认同。学习过程本就是学生自身探索的过程,只有让学生切身体会,才能让其领会科学的真谛,欣赏科学的美感。

科学研究本质不仅是获取知识,更重要的是经历不确定因素。在高中教学中,因理念、课时等多种原因,科学探究中的知识因素往往被放大,实验中可能遇到的"失败的结果、意外的可能、美中的不足"却被人为缩小或忽略。教师这种精加工处理会使学生失去科学研究的关键能力,如面对挫折处理问题的能力、困难面前坚持不懈的毅力、实验操作中需要协同合作的能力等,这些关键能力更需要在实验中被重视。因此,在探究教学中,教师更要善于捕捉意外情况,变意外为惊喜,引导学生分析实验失败的原因,变危机为契机。

在探究教学中,教师需将重点落在发现学生探究过程中的意外和失败上,并及时将这些意外转化为生成性深度探究问题,方能将意外转变为惊喜。在观察有丝分裂实验中,学生意外地发现了染色体数目比较多的根尖细胞、双核的洋葱细胞。这虽然是小概率事件,但科学规律往往始于不同寻常中的发现,教师不能放过这种毫末的问题,通过引导学生依据有丝分裂原理预测出细胞分裂出错的时期应当是后期(染色体未移向细胞两极,所以加倍)和末期(细胞板未出现,所以双核),这种意外的发现促进学生发现了分裂异常对细胞产生何种影响的意外收获。在探究教学中,教师还要让学生多经历挫折,"问题—探究—失败—质疑—探究"比"问题—探究"有时更能让学生领会科学探究的真谛。例如,质壁分离时间过长引起洋葱死亡而不能复原的失败经历,让学生体会到控制实验时间的重要性;猪肝研磨液加得太多导致水泡到达试管口浇灭燃烧卫生香的失败经历,让学生体会控制药品用量的重要性……这些无一不是在探索中才能经历到的科学本质。

局限于文本阅读的学习让学生经历太少,局限于浅尝辄止的实验让学生只能掌握科学表象,难以掌握科学本质。因此,教师要改变探究教学观念,要从实验的目标、内容、实施、评价等多方面促进和引导学生通过实验挖掘科学本质。

理、化、生隶属于自然学科,他们有着有别于其他学科的育人价值,教师既要挖掘学科育人的共性特征,也要彰显学科育人的个性价值。这种价值就是在学科教学中让学生参悟科学本质。教师既要聚焦科学知识本质,也要关注科学研究和科学事业本质。教师不仅是传道、授业、解惑者,也是塑造生命、塑造灵魂、塑造时代新人的人。

　　新时代要如何实现填补课程落差,变革育人方式? 这是教育领域内的世纪难题。每个学科都要主动应变,科学教育要不囿于学科知识,跳出学科看科学,走出课堂做研学,破除听学有实践,降维知识谈精神。通过指向科学本质的融合教学,我们的教育才能转型。

基于单元教学法培养学生的科学思维能力

科学思维是高中新课程标准中的核心素养之一,而单元教学则是新课程教学中重要的课程教学理念。如何将两者有机地结合?我们尝试运用单元教学法的理念和群设计理念,将单元教学加以整体设计,培养学生科学思维能力的全面发展。

科学思维既包含尊重事实和证据,崇尚严谨和务实的求知态度,也包括运用科学思维方法认识事物、解决实际问题的思维习惯和能力。由此可见,科学思维全面形成包括科学观念的养成和科学思维方法的形成。

单元教学法又称主题教学法,就是从一单元或一个主题出发,根据单元内容特点,综合利用各种教学形式和教学策略,通过一个阶段的学习让学生完成对一个相对完整的知识单元的学习。单元更加强调整体性,既包括教学目标、内容的整体性,也关注科学思维的全面性和思维的深度进阶,从而实现新课程标准中提出的科学思维四个素养水平的进阶。

单元教学法强调整体性、发展性,可通过"问题群、任务群、活动群、活动—任务—问题(ABC)的复合体"教学策略去实现,这些设计的方式强调整体性、发展性和逻辑性,运用这些方式更有利于科学观念的发展和科学方法的进阶。

一、问题群教学策略,健全思维方法

问题群教学就是针对某一种教学主题,根据学生的认知能力,从不同角度设计并列或递进的多个问题,将复杂的问题简单化,使之更有利于接近学生的最近发展区,在问题群教学中应更加关注多种思维方法的运用,教师要围绕各种思维方法去设置问题,有目的地培养学生全域的思维方法,包括归纳与概括、演绎与推理、创造性思维、模型与建模和联想与想象等。

例如,在"细胞膜结构探索"一节的教学中,教师可将课题转化为问题群,引导学生进行思维探究:① 阅读相关史料判断细胞膜的组成成分(培养归纳与概括能力);② 根据细胞生活环境,推测磷脂的分布方式(培养演绎与推理能力);③ 如何验证细胞膜上磷脂分布方式(培养创造性思维能力);④ 尝试搭建细胞膜的结构模型(培养模型与建模能力);⑤ 根据物质组成与结构预测细胞膜的结构及功能特点(培养联想与想象能力)。

问题群教学中的难点是寻找促进不同思维能力发展的"多角度、异质性"小问题,教师以多种思维能力为培养目标,按照上述案例中的方法重组素材、建构问题,培养学生全面的思维能力。问题群教学既能实现复杂问题简单化,使得问题更接近学生发展区;也能培养学生学会将复杂问题拆分为多个小问题并逐个化解的能力,提升复杂问题系统思考的能力;更能健全学生的思维能力。

二、任务群教学策略,落实思维进阶

任务群教学主要是针对大概念组织设计,通过设计多个具有层次性、梯度化的师生共学情境任务,实现大概念建构。

任务群教学强调将知识放在真实的情境中,关注问题实际存在状态;强调将某些有关联性的内容,通过一体化任务进行设计,关注科学思维能力水平的进阶。新课标中将科学思维的素养水平分为四个层级,水平一:概念解释简单生命现象;水平二:图文表达并解释相应生命现象;水平三:对可能的结果或发展趋势作出预测并解释;水平四:能利用生物大概念推理、阐明立场。在高三第二轮酵母菌一节主题的复习中,因为酵母菌为重要模式生物,各个单元中都散落着一些关于酵母菌的教学内容(包括酵母菌的结构、呼吸方式探究、生殖方式、遗传方式、数量增长模型、果酒酿造和转基因技术等),笔者设计了三个任务指向水平二到水平四的思维水平进阶,旨在实现推进思维水平逐级进阶。

任务一:小组交流构建酵母菌的知识概念图。

指向水平二,旨在培养学生运用图文方式正确表达、解释生命现象的能力。

任务二:设计拓展实验探究酵母菌的呼吸方式,预测酵母菌在不同环境条件下种群数量的变化情况。

指向水平三,旨在让学生依据酵母菌的生殖、代谢、种内关系和非生物因素对生物影响的理论,预测种群变化趋势。

任务三:小组讨论转基因过程中真核基因导入酵母菌而不是细菌的原因是什么、转基因酵母的利弊分析。

指向水平四,旨在让学生依据酵母菌结构、基因表达的特点(内含子的切除机制、蛋白质加工机制)进行推理,阐明对转基因生物的观点。

在任务群教学中,任务学习可以让知识回到现实并运用于实践;任务群一体化设计可以逐级提升学生的科学思维能力,让学生从能解释简单生命现象,到能用图文解释生命现象、预测发展趋势和运用大概念推理并阐明立场,使学生搭建思维晋级的台阶,实现知识的螺旋上升,落实思维不断地深度进阶。

三、活动群教学策略,培养思维观念

活动群教学指的是教师根据学生认知特点,提供适当的教学情境,让学生通过参与阅读、游戏和操作活动过程进行学习。这种教学方法的特点是更强调学生的"动",在"动"中学。

科学思维观念是科学思维能力的一个重要方面,科学观念的形成并非一蹴而就,通常需要考虑两个方面:① 需要在教学中每时每刻渗透科学思维观念,并通过过程性评价不断地促进;② 因科学思维观念具有内潜性、难以测量性,因此对观念形成的评价是教学的难点,表现性评价是对观念评价较适合的评价类型。过程性评价和表现性评价都需要一种更有利于支撑这两种评价的教学形式——活动教学,观念形成通常需要活动的支撑,需要活动群教学来保障。

例如,在细胞壁和酶的教学中,设计拓展实验探究活动群调查不同果实软化特点、探究果实内果胶酶的含量与果实软化的相关性、设计实验获得原生质体和观察原生质体在清水中的状态。以上活动运用了反证法思想(去结构、失功能)来进一步佐证细胞壁的功能。这种教学过程既提高了教学的趣味性,也更具有说理性,有利于学生严谨、务实和求真科学态度的自然形成。再如,为了促进学生科学意识萌芽,笔者根据学生认知水平、学习兴趣等要素,融合了不同学段的内容,设计出让学生活动研究学习的"科学盒子",呈现于学生眼前的是系列拓展实验活动:泡腾片性能的影响探究、不同空气中微生物浓度差异研究、DNA 提取方法和 PCR 技术初探及植物的水势测定等。在这个活动群教学中,教师退居一旁,更多是去观察学生的表现、评估观念和纠正错误等。学生根据活动群的主题和要求,自由组队、自主设计、撰写小论文和准备论文答辩等。

促进科学观念形成的重要教学策略是活动群教学,教师可在单元内整体设计有利于促进学生科学思维观念形成的活动群,教师则在活动中观察、评估、反馈、再观察和再评估;学生在活动中体验、感受、反思、提炼和形成,实现学生科学思维观念的养成与递进发展,从意识萌芽、态度形成到最终形成科学系统的思维观念。

四、ABC 教学策略,整合思维能力

ABC 教学策略是指在单元教学中,根据内容设置、学情发展和目标任务等情况,将活动、任务和问题等教学策略穿插、融合运用于整个教学活动

第四章
学科建设中的融合教育实践

过程中,进行"活动+任务+问题(A+B+C)"串联的教学策略。在教学活动中融入任务,在教学任务中渗透问题,即"A 含 B,B 含 C"的教学策略。通过以上教学策略的整体设计,实现在单元教学中促进学生的全面发展——优化思维结构、推进思维进阶和促进观念养成,从而全面地培养学生的科学思维能力。

例如,模型教学中教师不能局限于仅让学生看一下模型,可通过 ABC 教学策略在单元中设计关于科学思维中模型的各个方面:模型观念感知、模型思维建构和模型能力进阶,在本单元教学中教师可围绕模型建构的中心,以单元为宽度,展开设计:

C—问题:观察"线粒体结构模型",说出线粒体亚显微结构的特点。

B—任务:进行科学史文本探究,让学生理论建构并绘出"细胞膜的模型"图纸。

A—活动:开展实践活动,让学生构建制作并评价"细胞结构模型"。

上述 A(活动)B(任务)C(问题)的教学设计在一个单元内,先从低起点小问题 C 切入,到中难度的任务 B 发展,再到高挑战的大活动 A 提升,这种教学设计更符合学生的认知规律;模型观察可发展学生的观察力和判断力;绘图建模可提升学生的科学观、系统观;建模活动可培养学生的实践力和创造力。在单元整体设计中,通过对模型的"看、研、画、做、赏",系统而全面地发展学生模型与建模能力,培养科学思维能力。

课堂教学要关注三点才能定好位:目标点、出发点和着力点,新课标中的目标点之一就是培养学生的科学思维能力;出发点就是要紧扣学生的能力发展区,要关注学生现阶段的思维发展水平及科学观念形成情况;着力点就是重要的途径和方法。这就需要教师善于依托新课程提出单元教学的理念,运用单元教学法的具体教学策略,挖掘和组织教学素材,既要考虑思维方法的全面发展、思维能力的进阶,也要考虑思维观念的形成并重视思维能力的综合,从而让学生的思维得到全面而充分的发展,提升学生思维的广度、深度和敏锐度。

新课程背景下高中生物学的融合教学

新课程倡导融合教学,跨学科融合教学有自然科学内部结合、与人文结合、关注社会与技术和多学科整合的模式。融合教学有利于学生透视科学本质、感知社会责任、关注科学转化和促进全科集成,融合教学也是新课程关注单元化、任务化教学常用的教学模式。

现代课程理论之父拉尔夫·泰勒(Ralph W. Tyler)在其著作《课程与教学的基本原理》中提及,课程教学需要融合,融合是课程经验的横向联系。普通高中生物学课程标准2017年版2020年修订版(简称"新课标")提出的教学建议包括高度关注生物学科核心素养达成;通过大概念(大单元)的学习,帮助学生形成生命观念;落实科学、技术和社会相互关系的教育;注意学科间的联系,这些建议或隐或显地提出了跨学科融合教学的要求。

生物学科不能孤立于其他学科而独自存在,和数理科学存在天然的逻辑联系;生物学的发展与人类社会的发展同频共振,与文史哲交织联系,相互影响;生物学也需要技术的推动,需要技术的检验与孵化。生物学的学习需要跨学科的融合,这样才能更好地实现"五育"并举,促进核心素养的养成。本文依据新课程思想,融合教学技术和生物学科特点,尝试开展生物学与各领域多样态融合教学,包括生物学与物化自然科学领域融合(简称PCB)、生物学与社会学科领域融合(简称HPS)、生物学与社会技术领域融合(简称STS)和生物学与数理工多学科领域融合(简称STEM)。

第四章
学科建设中的融合教育实践

一、PCB 教学透视科学本质

PCB 教学是自然科学内的自我融合,可通过寻找生物与物化学科的本质,关注共有,相互启发,相互佐证,形成联系。自然学科有共同的话语体系(如研究对象相似),有相近学科思想(如实证思想),有相同的学科方法(如假说演绎法)。可以通过 PCB 融合式教学关注这些共性特征,让学生的自然学科思想、学科方法不断地强化。自然学科还有大量的涉及多学科的边界知识,他们是学术研究的盲点,是学科突破的难点,是透视学科本质的堵点,生物学教材中也有大量的跨学科内容,教师不能避而不谈,避其锋芒,也不能浅尝辄止,就事论事。学科边界知识在 PCB 教学中可得到的聚焦与关注,既有利于关注相同学科知识在不同学科内各自表达,也有利于建立自然科学系统体系,引导学生透视自然学科本质。生物学中很多问题看似一个学科问题,实质是一个科学问题。

例如,在"细胞渗透作用"一节的教学中,关于渗透装置的平衡状态的分析,若仅依据生物学渗透原理分析:浓度差是渗透发生的原因,学生往往会误推出渗透平衡应该是半透膜两侧溶液浓度相等的时候。产生这种错误认识的原因就是学生把这个科学问题局限于生物学科一维,解决这个问题需要从理化生三维角度去考虑,教师可采用 PCB 融合教学,综合运用物理学的"力学平衡"、化学中的"分子运动"和生物学中的"渗透作用"原理综合分析,从复杂问题中提炼科学本质,实现从学科到科学的本质跨越:① 从生物学角度分析,发生渗透作用的原因是浓度不同,据此是否可以判断"渗透停止的时间就是浓度相同的时候呢"? ② 从物理学力学角度分析,达到平衡时的状态应该是半透膜两侧达到力的平衡(也就是促进水运动的浓度差的动力与阻止水运动压力差的阻力达到平衡);③ 从化学的分子运动原理分析,化学平衡应是一种动态平衡,也就是达到平衡时水分子进出半透膜的速度相等而不是静止不动。经过 PCB 融合教学,多视角分析得出:这个问题科学本质是"平衡"。师生需要依据物理和化学学科中的"平衡原理",结合生物渗透原理综合分析"渗透与平衡",从而得出以下结论:当促进水分子进膜的动力和阻止水进膜的阻力相等时就会达到一种动态平衡,渗透停止,液面不再上升。

上述案例是平衡原理在生物学上一次典型的运用,只有通过 PCB 融合教学才能让学生对渗透问题的科学本质有更加深刻的理解。教师要善于寻找自然学科共性话题,关注学科边界知识。在学习色素分离时再考虑一下化学中物质分离的知识,有利于学生继续寻找其他色素分离方法;学习蛋白质结构时融合物理学中核磁共振和晶体衍射的知识,才有利于学生对物质空间结构有深入认识。融合教学让学生看见问题的全景,让学生在科学视野中学习生物学,更符合学生的认知规律。

二、HPS 教学唤醒社会责任

HPS 教学模式由英国科学家孟克和奥斯本提出,即把科学史、科学哲学和科学社会学的有关内容引入科学教育,以培养学生的科学精神和创新能力。这种教学模式有其特有的六个教学环节,本章更关注这种教育理念所透射的教育融合思想,将生物学与文、史、哲等人文学科进行融合(HPS 教学),促成了生命观念与史学、哲学和社会学观念(简称"新三观")的融合,实现在科学史中塑科学精神,运用辩证唯物法学理和融入社会体系中担当,促进学生社会责任核心素养的形成。HPS 教学中可用"新三观"去解释生物学问题,让科学融入人文,让学生感知社会责任;也可以用生物学观念去解释文、史、哲的问题,让生物学解决社会问题,让学生落实社会责任;HPS 教学还要加强在文理教学方法、技术、策略上的融合,如可多引入演讲、辩论和论文撰写等文史教学中常用的教学策略。

例如,在"弗莱明观察抑菌圈发现了青霉素"一节的科学史教学中,教师不能局限于科学本质中的知识的本质,更要关注科学本质中的科学事业和科学研究本质，也就是更要关注"科学研究方法和科学观念"等重大问题，教师不能将这个"历史大事件"简单演绎成一个"青霉素能杀菌"的知识点这么简单。HPS教学运用"新三观：史学观、哲学观、社会学观"视角去解读生物学话题，更有利于学生精神层面的升华。从"史学观：历史的偶然性透射必然性"分析得出：偶然出现的抑菌圈和弗莱明注意观察的好习惯的必然性有机统一，铸就了伟大发现，有利于引导学生既不错过偶然的相遇，也要努力关注必然的规律；从"哲学观：事物无绝对性、具有相对性、万物相生相克"分析得出：生物没有绝对的强者，生物之间既有促进，也存在抑制，有利于引导学生认识可通过此途径寻找杀灭致病生物的药物；从"社会学观：社会与科学作用力与反作用力"分析得出：青霉素的科学发现，大幅减少了感染，有利于学生认识到社会影响科学，科学又对社会的进步产生巨大推动力，有利于激发学生的科学兴趣和社会责任。

科学教师不仅要给予学生丰富的科学知识，更要让学生学习科学研究方法，感受科学的精神，两者都是生物学科核心素养的重要组成部分。HPS教学通过带领学生运用历史学的"案例与规律"，社会学的"伦理与道德"，哲学"世界观与方法论"的观念，三位一体认识"自然、社会、历史"的关系，促进形成了科学世界观、正确价值观、辩证哲学观、全面的社会观，形成"人文与理性"兼有的全人素养，有利于学生社会责任核心素养的形成。

三、STS教学促进科学转化

STS教学强调科学与技术、社会的全面结合，科学的发展需要技术的推动与验证，科学有了技术，最终实现科学转化；科学与社会又密不可分，科学来自生活，用之于社会。"技术＋科学＋社会"三者的结合形成一体双翼的结构促进科学转化，推动了社会发展，让科学展现出强大的伸展性和生命力。STS教学主旨就是要关注问题的真实性、实践性。在教学中教师要寻找真问题，要贴近社会组织教学素材；要考虑学生的生活认知，贴近生活组织素材。STS教学还需要关注学理知识和技术知识的融合,多关注科学转化的实例。生活即教育,社会、技术与科学的融合,将现实所在搬进课堂,也实现课堂所学用之社会。

例如,在"认识DNA"一节的学习中,教师通过设计系列社会情境问题将微观抽象的DNA与宏观的现实生活紧密结合,通过社会问题引发学生科学思考:① 将社会中"科学家通过DNA而不是RNA,也不是蛋白质确定个体亲缘关系的问题"带入教学,引发了DNA与RNA、蛋白质非共性特征的探究,有利于学生认识到DNA应该兼有结构的稳定性和遗传上的传承性的特征;② 将"艾滋病毒疫苗和流感病毒疫苗难以研制的问题"带入教学,促进了学生比较DNA、RNA结构组成,有利于学生发现单链RNA具有不稳定性,理解DNA是多数生物的遗传物质的原因;③ 将"正常细胞为什么会死亡而癌细胞具有不死性的问题"带入教学,促进了对两种细胞DNA复制的研究,有利于学生理解DNA复制中的$5'-3'$的固定复制方向可能导致正常细胞无法修补端粒,癌细胞可能具备这种修补本领。

上述围绕DNA的系列社会真实问题纷纷呈现,激发了学生浓厚的探究欲,也让学生在生活直接经验和科学间接经验中不断碰撞,逐步形成更富有真实感的科学认知。当然,科学理论也要向技术延展,STS教学既需要关注社会问题科学化,也需要关注科学问题技术化。在上述理论学习的基础上,教师可将"如何将咽拭子中可能存在的少量新冠病毒精确检测出来的问题"带入教学,引导学生在掌握了DNA细胞内复制的基础上如何继续关注DNA体外大量复制的技术化问题(PCR)。

四、STEM教学助力任务解决

STEM教学集成了全科知识,涵盖科学、技术、工程、数学各个领域的融合式教学样态,既有与科学(PCB)领域融合,也有与技术工程融合(STS),还有与数学领域融合。科学视角的引入有利于探究学科问题的科学本质;

数学思想的引入有利于学科研究由定性观察走向定量分析；技术方法的引入有利于学科理论向学科实践延伸；工程概念的引入有利于科学技术继续向规模化、产业化渗透。这样的教学理念打通了所有关联学科，实现了多学科知识系统集成。新课程也强调用"大概念、单元化、大任务"去驱动学习，生物学很多问题都是综合性问题，教师要有去碎取整的思想，用单元化的大任务牵一发，通过STEM教学谋全局，这样的教学策略更能突出核心主题、淡化碎片知识，关注核心能力，培育全人素养。

例如，在"DNA 物理模型建构"一节教学中，富兰克林（化学家）、威尔金斯（生物物理学家）、沃森（生物学家）、克里克（物理学家）、查戈夫（生化学家）这些不同领域科学家相互启发促成了 DNA 结构模型的大发现，可见 DNA 模型的建立是多领域问题，教师布置学生去完成"DNA 结构模型构建"，学生要从科学性、实用性、美观性、经济性、重复性、环保性多重要素去考虑，当中涵盖了多学科要素，涉及了科学、工程学、数学的思想与方法，这就需要师生集合 STEM 教学的多元知识，将复杂问题分解为不同学科领域的关键问题进行突破：① 通过开展 DNA 模型中的"科学概念"研究，解决"DNA 空间模型中核苷酸和两条链的连接方式及空间走向"问题；② 通过开展 DNA 模型"数学定量"计算，解决"DNA 模型中需要各种物质及连接化学键的数量、相邻核苷酸的旋转角度及上升高度问题"问题；③ 通过开展 DNA 模型"技术与工程"研究，解决"有关物质的选材、连接、加固"问题；④ 通过开展 DNA 模型"观摩与鉴赏"活动，寻找"结构模型评价的标准（科学性、牢固性、美观性）"。

经历上述多学科领域逐个突破，复杂问题自然会迎刃而解。该教学策略也是一种问题驱动式的教学法（PBL），需要关注任务牵引和问题驱动。先将结构松散的多学科边界的知识融入一个问题或项目，通过项目去引领，这是合的思想；再将复杂任务分解为关键问题在不同学科领域内突破，这是分的思想。STEM教学中通过这种"先合再分"的教学路径，实现新课程倡导的大任务教学，也加强了知识联通，提升了学生任务解决能力和项目研究能力。

跨越认知鸿沟：探寻社会话题融入科学课堂新径

一位高中生物学教师在讲解基因工程的应用时，按照以往的教学经验，选择了基因工程在农业育种方面的应用作为社会话题，想让同学们探讨转基因作物的利弊。但学生显然对合成生物学、基因编辑治疗罕见病等新兴且前沿的领域更感兴趣。课堂上，学生对教师所讲的传统农业应用提不起兴趣，交头接耳或强打精神。这让教师感到困惑不已，觉得自己精心挑选的内容既有实际意义，又贴合课程标准，学生却不领情。

由此可见，教师和学生之间常存在认知的鸿沟。教师可能会囿于已有的知识经验、既定的社会框架，给学生呈现一些他们并不感兴趣的话题。而学生热衷探讨的话题，未必能得到教师的充分重视。这样的讨论往往流于表面，不仅难以产生有价值的成果，还可能会降低学生的学习兴趣。那么，教师应当如何选取适合学生讨论、学生乐于讨论且能从中获益的社会话题呢？

不同的时代造就了不同的学生群体，学生的兴趣点和关注的社会问题也会随时代变化而不同。二十年前，武侠文化、载人航天、高校扩招可能是学生关注的焦点；十年前，食品安全、互联网＋、汉服文化是热门话题；而如今，人工智能、心理健康、国风动漫备受学生关注。如果教师墨守成规，用一成不变的眼光看待学生，那么他的课堂一定是落后于时代的。因此，教师在选择讨论话题时，应倾听学生的声音，充分尊重学生的意愿。如果学生在话题选择上感到迷茫，教师不妨给学生一个范例，为学生搭建思维的"脚手架"。例如,在讨论神经系统疾病时,教师可以给出一个话题的示范:云南的野生菌和毒品都有毒性和致幻性,但为何毒品受到严格禁止,而野生菌没有呢?有害和无害的界限在哪里?社会规范背后的基本原则和逻辑是什么?以此为学生提供思考的起点,挖掘出他们真正想讨论的话题,同时也能避免讨论偏离主题。

某些话题的舆论导向和社会开放度也在逐渐提升。若干年前,当孩子被诊断出抑郁症时,家长和教师往往因为社会偏见,难以接受孩子患病甚至需要去精神科治疗的事实。而如今,越来越多的家长和教师能够意识到,心理上的"感冒"就像身体感冒一样,可以通过专业帮助得到缓解。教师当下认为不适合讨论的话题,未来可能来到聚光灯下,成为社会主流关注的焦点。因此,在选择话题时要有前瞻性。

梅里尔·哈明在其著作《教学的革命》中提到,好的讨论使课堂圆满,不好的讨论使课堂失败。尽管大量研究表明,课堂讨论对学生的自主学习、团队协作、口头表达等能力有积极作用,但教师经常发现讨论的效果不尽如人意。学生要么干脆不参与讨论,要么无话可说,有的看起来讨论得热火朝天,仔细一听却发现讨论的内容和既定主题风马牛不相及。在面对社会话题的讨论时,学生不知如何入手,也不懂得如何组织自己的观点,因为这不仅需要一定的知识储备,还需要主动思考和分析问题的能力,这与他们以往被动接受知识的学习方式截然不同。学生学习方式和观念的转变绝非一蹴而就,但是教师必须采取行动。迫于课时压力,教师很难在每节课都设置社会话题讨论环节,但教师可以在一个学期内安排 5 次左右的大规模讨论活动。讨论前,让学生提前收集资料,梳理和组织观点。课堂上鼓励学生展开讨论,甚至进行激烈的辩论。教师在这个过程中及时给予反馈和总结,提高讨论的质量。如此一来,学生就能看到,讨论社会话题并非公开课上的作秀之举,而是实实在在地融入了日常的教学环节。当学生通过讨论,切实获得成就感时,他们的积极性自然会提升,讨论社会话题也才能真正发挥其应有的效果。

有时,学生在讨论社会话题时,往往会受到社会文化和价值取向的影响,仅从社会规范的角度进行思考。例如,在同性婚姻合法化的问题上,绝大部分学生能考虑到同性婚姻与社会传统道德规范的冲突以及婚姻作为法律上的一种契约关系不应因性取向不同而被剥夺等方面。这种本身就带有敏感性和争议性的话题,能轻易地把学生的注意力限制在社会规范层面,忽略背后的科学原理。然而,科学的讨论不应受到社会框架的束缚。如果学术层面的讨论都不被允许,又何谈以科学原理作为解决社会问题的依据呢?教师需要引导学生有意识地探究社会现象背后的科学原理,比如在这个话题中,从生物学角度来看,性取向的形成是一个复杂的生物学过程。研究表明,基因、胎儿期的激素环境等多种生物学因素可能会影响一个人的性取向。例如,一些研究发现某些基因位点与同性恋倾向有一定的关联。同时,在胎儿发育过程中,母体内的激素水平变化也可能对胎儿的性取向产生影响。这些科学原理说明同性恋并不是一种简单的"选择",而是有其生物学基础。我们从社会学和心理学角度,研究同性婚姻对家庭结构和社会稳定的影响。通过对比同性婚姻家庭和异性婚姻家庭在子女教育、家庭功能等方面的情况,我们发现合理的同性婚姻家庭也能为子女提供良好的成长环境。例如,一些研究显示,同性伴侣通过领养等方式组建家庭后,能够给予子女足够的关爱和教育,子女在心理发展和社会适应能力等方面与异性婚姻家庭的子女没有显著差异。只有深入理解社会现象的科学原理,学生才能提出更为客观、真实的见解,而非仅仅局限于社会规范的是非判断。再比如,网络上流传着超雄综合征是天生犯罪者的观点,发帖者还常配以恐怖的故事和照片来佐证。学生接触到这些信息时该做何判断?超雄综合征究竟是什么?这种观点的反对者和支持者的论据可靠吗?在现今的网络环境中,一旦出现不同观点就群起而攻之的现象屡见不鲜,学生能否保持客观和理智,依据事实和证据进行逻辑推理,最终得出可靠的结论呢?这需要学生跳出"社会共识"的圈套,随时质疑,随时批判,而不是随波逐流、人云亦云。

在有效讨论的基础上,教师也可以鼓励学生将成果转化成科普文章、海报或者科普视频等形式。让学生切实感受到自己的讨论能够转化为成果并产生影响力,这无疑是一种正向反馈的激励。在这个过程中,学生还能锻炼创新思维和传播能力,有助于更好地理解和运用科学知识。

融入微课实现课堂翻转

进入新世纪,随着"互联网+"时代的到来,数字化e技术催生着生产、生活、标准的不断变化。"互联网+教育"的时代也随之而来,新兴教育业态也不断呈现,如微课教育、翻转课堂、慕课、STEM融合教育。这些新兴教育技术、理念与传统教育的融合(而不是取代)势必会助推教育改革,确保立德树人培养目标更好地实现,促进学生核心素养更全面养成,有利于新一轮课程更好接地。

新生事物相较于传统事物,与生俱来具有不可多得的后发优势。微课教学优点诸多,值得我们提炼挖掘:第一,主题鲜明、短小精悍,有利于聚焦教学的重难点;第二,资源多样、情境真实,有利于激发学生主体参与性;第三,结构开放、易于扩充,有利于教师整合各种教学资源;第四,交互性强、方便适用,有利于学生根据自身需要"哪里不会点哪里"。

当下,这些新兴教育理念基本还停留于理念层面,新兴教育业态还处于早期的草创阶段,离规模推广还相去甚远。教育者对于理念的研究要多于实践操作研究。作为需求侧的高中教师除了需要在微课理念层面的丰富,更迫切需要了解微课教学如何落实在日常教育中。教师业已形成的教育习惯如何与微课深度融合;如何将微课教学与翻转课堂、慕课等新兴教学形式结合;如何在教学中避传统教学之短,扬微课之所长,都值得我们去研究。

我们可以结合微课有关特点,按照课堂教学内容与形式,分门别类将不同教学内容与微课进行整合,推进微课教学根植教学之中,贯通课前、课中、课后,实现教育的翻转,提升素养。

第四章
学科建设中的融合教育实践

微课融入生命科学史

生物教材中的科学史学素材众多,生物教师"如数家珍",但在使用过程中往往"形同鸡肋,成为摆设";学生经常也是"不屑一顾,爱理不理"。这些科学史学材料因篇幅限制文本含量过低,加上资料简单叠加,呈现形式单一等诸多原因没有闪烁其应有的光芒,也不能激发学生思维,更不能唤醒学生对于学科探究的价值认同。

微微课 教师可以运用微课短小但主题鲜明的特点,将教材中每一个简短科学史中最为光芒万丈的"科学本质"内容录制成比"微课"时长更短的"微微课"。历史长河实验虽多,但本质相同,教师可将相关性实验进行提炼重整、聚焦本质。比如,光合作用发现过程涉及相关实验众多,教师不需要林林总总将每一个实验全面放大,每一个实验除了具备科学探究的若干要素,还有其独特闪光之处,这是我们要重点采撷的内容。恩吉尔曼实验重点录制了恩吉尔曼为什么巧妙选择"水绵、好氧细菌"的特点,让学生直观了解这些材料的特别之处,体会实验选材的重要性;萨克斯实验可以让聚光灯重点聚焦暗处理过程,让学生学会具体如何暗处理,理解实验材料预处理的重要性;卡尔文实验重点关注同位素标记的过程,让学生学会同位素标记方法,体会选择科学研究方法的重要性;鲁宾、卡门实验可以讲两人合作的故事,强调科学家协作的重要性。

微微课串并联 首先,教师应当尽力处理好每一个实验历史,让其发挥独特价值,不可替代;让其生动有趣,引人入胜;让其尽可能直观呈现,增加代入感,每一个素材通过微微课的处理后犹如闪烁珍珠,光鲜靓丽,价值不菲。其次,教师又不能使微微课过于"势单力薄",毕竟一个"微微课"还是太"微不足道",教师要想方设法用好这些"微微课",既可将这些科学史"微微课"在上课时串联在一起,发挥其聚变效应,让学生感受科学探究系列的过程与积累;也可大胆发挥"微微课"的裂变效应,将其与光合作用过程并联使用,大胆将这些内容作为光合作用各个过程的实证材料,既可增加光合作用过程的说服力,加深学生的印象,还可将教材中人为割裂开的理论、实验拉近距离。总之,微课技术能让散落在教材中的科学史教学素材的价值得到更好的"张扬"。

微课融通生命活动过程

微课与微电影技术 从原先的舞台剧到现代电影艺术发展,电影艺术通过虚幻与现实有机结合、视觉和听觉的不断冲击、故事情节的跌宕起伏博得了观众的驻足与喝彩。电影能够让观众不知疲倦地享受其中。随着教学技术的不断进步,教师也可把教学内容通过教学技术的处理,合理引入"微课及电影艺术"手段,让生物课堂在科学性的基础上更加充满趣味性和艺术性,从"要我学"变为"我要学"的至高境界也绝非难事。

"教师+"时代 从原先的简单教学时代到现代微课教学的融入,教师的角色也在发生着深刻的变化。脱离技术,没有技术加工意识的传统型教师终将被时代淘汰。作为"互联网+"衍生物,"互联网+教师"催生着教师要不断改变意识,增加角色,"教师+"时代意味着教师要一人多角。微课教学中"教师+编剧"角色需教师对各种素材进行遴选、剪辑、编辑,形成剧本;"教师+美工"角色让我们对各种素材资料的呈现形式进行优化,展现出最具启发性、生动性和流畅性的一面;"教师+场务"角色需要教师做好教具,选好实验器材,掌握好微课制作等科学技术;"教师+导演"角色需要我们有统筹意识。总之,教师在微课制作中要有多角色意识,需关注脚本的撰写、素材的选择、字幕与音频呈现、特效与渲染等各个要素,唯此微课才能成为视觉上的"饕餮盛宴"。

生命活动过程微电影场景 生物学教学中有大量的关于生命活动过程(包括新陈代谢过程、细胞分裂过程、生命调节过程)的教学内容。这些过程晦涩难懂,枯燥乏味,教师讲授一般也千篇一律,这部分内容是教师教和学生学的难点。通过"微课＋电影"技术的处理,将生命活动过程的"微电影化"可使其过程更显动态,逻辑更加清晰,形象更富艺术。如有氧呼吸实际过程包括糖酵解、丙酮酸脱羧、三羧酸循环、氧化磷酸化过程,这些过程远比高中教材阐述得要复杂,因为学习阶段和能力等因素,这些过程在高中教材中"欲言又止",教师教授"浅尝辄止",学生感觉"似懂非懂"。如何用有限篇幅将这样一个复杂过程更加透彻地呈现给学生? 在教师讲解的某些环节播放一下"有氧呼吸"的微电影,能起到事半功倍的效果。教师可以海选各种素材——结构图、流程图、视频、音频、文字进行来料加工,增加过程直观性;将线粒体比喻成"动力工厂",【H】比喻成"生产高爆的半成品",运用讲故事、打比方、做比较的手法增加趣味性;将反应场所结构静态放大或将重要结构 3D 立体模型展示使得有氧呼吸过程形象而生动,自然而易懂,学生学习水到渠成;运用视频拆解与合成技术呈现各种酶、各种底物、各种产物、各种结构、各种环境条件如何相互关联、相互影响,可以让有氧呼吸过程各种要素连成整体,有利于增强学生系统性思维。

微课融合生物实验

讲实验侵蚀做实验 生命科学的发展离不开实验技术的推动,可以说科学实验是生命科学奠基之石,科学探究能力也是高中生物学重点培养的核心素养之一。在生物教学中,实验教学所占比重与份额,在不同中学、不同教师处大相径庭,甚至有天壤之别。差异形成之原因主要有以下两个方面:① 教师实验教学意识差异;② 学校实验教学条件差异,如实验条件差异、课时差异、理念差异。当下生物学教学中还存在"理论课替代实验课""讲实验替代做实验"等问题。毋庸置疑,相较于理论教学,无论是对于学生知识理解,还是学生思维能力、科学意识、实验能力的提升,实验教学都略胜一筹,我们要着力提升实验教学在中学教学结构中的占比。

微实验补偿做实验 高中教材中很多实验相较于大学中需要很长周期

完成的实验而言实属短小，可以录制微课；有些实验实验内容不多，操作内容偏少，等待时间过长（如加热 5 分钟，染色 5 分钟），这类实验也可以通过录制微实验压缩一些不必要的等待时间。

在基础条件尚未达成开展某类实验时，教师可利用大学或兄弟单位硬件资源，课前提前准备，将一些实验课程提前录制成微实验。在课堂教学中，微实验作为实验教学的补偿、理论教学的补充。

中学教学中因为受到一些限制还存在很多不要求到实验室实践操作的经典实验，限制因素包括：① 实验操作要求时间太长；② 实验技术太复杂；③ 实验成本太高，如器材、药品价格昂贵。这些实验往往被放在一边或者仍停留在理论学习的层面。对于这样一些目前尚不能大规模在中学开展实践探究的实验素材，教师也可以用研究性学习的形式组织学习小组将以上实验录制成微实验，录制时教师可以将实验时间压缩，操作技术精化，过程重点聚焦，通过微实验的形式让学生进行仿实验探究贴近实验真相、感受技术细节、了解知识本源。如此更加丰富了学生实验学习方式，包括实验理论学习、仿实验学习、实验操作学习。

总之，微课是一种技术手段，可以弥补我们传统教学技术的不足，让我们曾经无法企及的目标可能唾手可得，比如实现学生重难点内容的反复观看和根据需要的选择性观看，实现哪里不会点哪里；微课是连接线上和线下的桥梁，与翻转课堂、在线慕课的结合使用一定会产生巨大的增值效应；微课是一种思想，需要教师用包容的教学观去接受、去开发。虽然，微课技术已经家喻户晓，飞入寻常百姓家，但微课技术与教学实践的结合还远未达到"有机"结合或者深度"融合"的地步。如何用好这一门技术，使其更好地为课堂教学服务，让二者结合得更加自然，扬微课主题鲜明、资源丰富、过程动感之所长，去传统教学生命活动教学的枯燥乏味、生物实验教学讲实验替代做实验中的不足之处，值得教师去求索，用微课之技术，改变教育之生态。

启迪科学梦　创新向未来
——跨学科探究课程"科学盒子"

科学教育是提升国家科技竞争力、培养创新人才、提高全民科学素质的重要基础。面对全球新一轮科技革命加速演进浪潮，面对加快建设教育强国、科技强国、人才强国的目标要求，学校全面贯彻党的教育方针，深度思考学校所处的历史方位、使命责任和教育行动方向，秉承锐意实验传统，深化育人关键环节与重点领域改革，积极探索具有附中特色的科学教育范式及实施路径。

一、"科学盒子"课程

2019年起，学校设计实施"科学盒子"课程，秉承"促进学习方式的多样化，优化初高中的思维衔接，形成附中科学教育品牌"的宗旨，以生为本、立足实际、深度筹划，打造特色跨学科探究课程。"科学盒子"课程是在全国中学率先实施的一个有意义的尝试，是基于探究实践的科学教育，通过专题讲座、动手实践、成果汇报与答辩等形式，激发学生的好奇心、想象力和探求欲，引导学生自觉获取科学知识，培养科学精神，拓宽学科视野，启迪创意灵感，厚植家国情怀，增强实践能力与创新能力。

经过多年的探索与发展，如今的"科学盒子"课程：

每年，10个全新的研究性学习课题研发出炉，不仅融合理、化、生、地等多个学科，而且与前沿科学和社会热点紧密相连，激发学生的探究热情；

每年，两百多个学生小组团结协作，在科研实践中丰富科学知识，锻炼实践能力，培养创新精神，为终身学习和未来发展奠定基础；

每年，10周的项目化学习持续开展，同学们利用暑期时间，在家庭、主题基地、专业实验室等多个场景中开展实验，遍历科研全过程，打磨综合能力，淬炼多元智能；

每年，30张优秀的科学海报在线上展示，角逐人气奖项，线上评选吸引包括师生、家长和对科学教育关心的人士在内超过10万的关注度；

每年，10组研究团队从众多参与者中脱颖而出，以卓越的研究成果和创新思维，展现南师附中学子的科研潜力和学术风采。

"科学盒子"是附中给同学们的第一份礼物，也是一把通往科研之门的钥匙。从2019年的740个盒子到2024年的1250个盒子，越来越多的高一新生在接到录取通知书的同时，取出通往科研之门的钥匙，进入前沿课题领域，发现科学探索的广阔天地，迸发出无限的灵感与思考。

二、课程目标

(1) 面向全体，以有选择性的跨学科课题与小组合作的方式给每位学生寻找兴趣点与特长点的空间。

(2) 体验科学探究的全过程：提出问题、做出假设、制定实验计划、收集实验数据、得出结论、展示成果，学习规范探究的基本框架。

(3) 学生更为容易地学习：借助网络的使用，让知识的获取变得迅捷，学习交流变得及时，"科学盒子"材料包让探究的若干准备工作变得细致周全。

(4) 以科学项目为抓手，促进学生"简单问题深度思考"的自觉学习习惯的养成。

(5) 学生科学素养的培养，自主学习能力与合作交流能力的提升。

第四章
学科建设中的融合教育实践

三、课程形式

一间便携式微型实验室："科学盒子"（见图 1）是一款探究性教育集成包，基于精心研发的科学课题，打造专属于学生的便携式微型实验室。每套盒子都有特别制作的实验物资包、导学手册、课题指导手册、课题配套的线上课程和一本启迪思考的经典书籍。打开随机主题的科学"盲盒"，即可进入专属于学生的便携式微型实验室，启动对一个未知领域的研究，开始充满探索和挑战的科学之旅。

图 1 "科学盒子"

一种通力合作的学习模式：学生领取"科学盒子"即完成 4 人一组的分组，可以根据自己的知识与能力水平，在线上学习平台观看课程视频，学习课题相关基础知识和实验操作技能，在线下通过小组合作完成课题实验操作和分析讨论。团队内可自主沟通安排学习时间和进度，在项目研究过程中探究、试错、体验成功，获得团结协作克服难题的成就感，让兴趣作为学习的结果，自然发生（见图 2）。

便携式微型实验室	精心研发的科学课题，特制教具 跨学科、前沿性、探究性
线上线下合作学习	领取盒子即完成分组， 线上学习平台，线下合作探究
通力合作的长作业	提问题、查资料、亲调研、 巧设计、真探究

图 2 "科学盒子"课程特点

153

一个多元能力的蓄能盒：学生突破学科界限，深度参与，从发现问题、设计方案、实验探究到得出结果、展示成果、汇报答辩的科研全过程（见图3），不断探索、勇于尝试，逐步形成事事规范、时时思考的思维习惯和深度钻研、理性认真的科学精神，在实践中保持对世界的好奇心和探索欲，在探究中进一步提出新的科学问题，在场景中找到自我价值和未来定位，坚守嚼得菜根的淳朴品质，奔向做得大事的宏伟目标。

综合科学素养							
提出问题	查找资料	设计方案	进行实验	分析数据	制作成果	汇报演示	
观察力思考力	收集信息能力	创造力	专注力耐力执行力合作力	整理计算分析能力	写作PPT制作能力	演讲能力	

图3 综合科学素养

一个科学生涯的孵化器：每一个"科学盒子"课题的导学手册（见图4）中都设计了本课题在高中阶段、大学阶段及职业阶段可延伸学习研究的问题和方向，引领学生立足当下，眺望未来科研之路。评优阶段，学校设计多个评优维度，为学生爱好与特长提供生长点，激发学习兴趣。答辩会场，邀请来自高校、科研院所的科学教育领域专家，为学生提供高水平的学术交流机会，为未来的学术发展提供方向与动力，为科学生涯涂上不一样的人生底色。

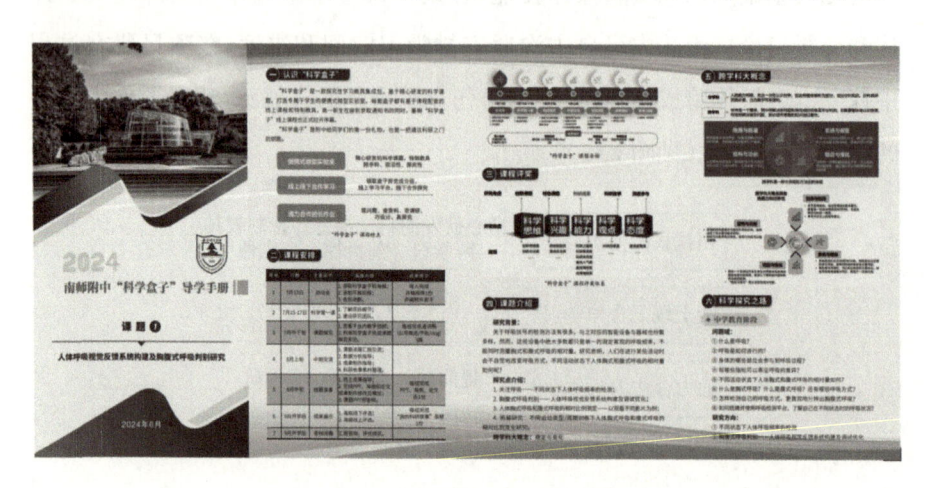

第四章
学科建设中的融合教育实践

图 4 "科学盒子"导学手册

一个贯通式科学探究课程起点：为使学生的科学学习更具连续性，学校构建了"初中—高中—大学"的纵向贯通式科学探究课程群（见图 5）。课程群为兴趣浓厚且具有特长的学生提供进阶学习机会，支持学生将建构的研究思路和方法拓展迁移，长期、深入、系统地开展科学探究活动，促进科学思维飞扬生长，科学素养持续提升。科学盒子课题研究结束后，学生在校级研究性学习项目中可继续选择相关课题深入研究。校级研究性学习持续时间为 2 年，实行"双导师""双基地"机制，每个课题组有一位校内教师指导，另有一位高校或科研院所的专业人士指导，既有校内的专门研究教室，又有高校的实验室、图书馆等资源。随着科学学习的不断深入，学生也可选择参加由我校与中国科学院合作开展的"中学生'紫金'科学探究计划""英才计划"等高层次科学探究课程。该类课程依托高校、科研机构的人才资源、设施资源和科技教育资源，实施双高协同培养，支持著名科学家指导中学生开展科学探究项目，体验科学研究过程，促进学生在科学观念与运用、科学思维与创新、科学探究与交流、科学态度与责任等方面的全面提升。

155

图5　纵向贯通式研学课程群

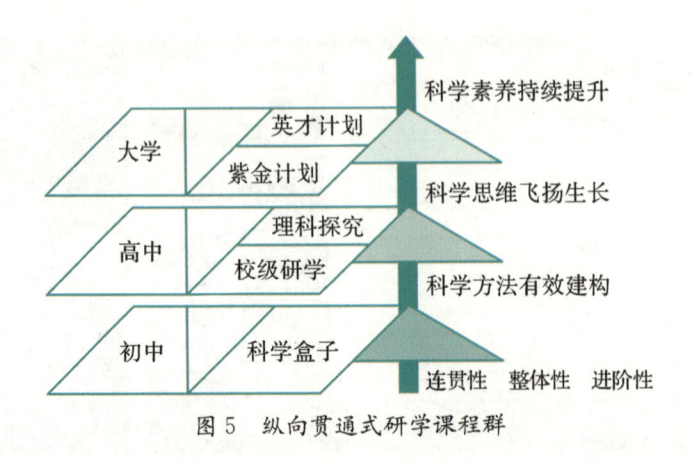

四、线上课程内容

科学第一课——科学思维。学生通过线上学习平台，明确探究性学习的一般流程，培养发散思维和创新意识。通过学习实验设计的基本原则、实验设计的可行性分析，学会从不同的角度、不同侧重点对问题进行分析和研究，掌握实验方案设计的方法和流程，并具备独立完成课题方案设计的能力。

课程先备知识讲解。通过线上学习平台，学生自主学习待研究的科学问题相关的背景知识，通过观看教学视频加答题巩固的方式，为正式课题研究做好知识和技能的储备。在教学视频中，科学导师以设置悬念、联系实际问题、类比模型、实验演示等多种教学方法，唤起学生的注意力，激发学生的求知欲和好奇心，使他们进入良好的心理准备状态，帮助学生理解先备知识，习得新的知识。在线学习方式还可以满足学生个性化学习的需求，学生可以根据自己的知识和能力水平，自定步调地安排自己的课程学习时间和学习节奏。

探究性实验的开展。实验的实施在学生自主动手、在线化实验操作视频加以辅导的原则下进行，让学生在动手实践过程中观察实验现象，分析数据，得出结论。实现在玩中学科学知识，在实践中深刻理解科学理论的目标。在学习科学知识的同时培养学生的科学思维，提高实践能力等。

成果制作指导。课题研究完成后，学生进入《答辩 PPT 制作指导》和《科技论文写作指导》课程学习板块，通过线上学习的方式，分组进行答辩 PPT 的制作和科技论文写作。此外，学生可根据自己的想法，DIY 属于自己的科学海报。

五、课程安排

从 7 月到 9 月，"科学盒子"有丰富的课程安排（见表1），成果提交的形式也很多样（见图6）。

表 1 "科学盒子"课程安排

序号	日期	研究阶段	具体内容	成果提交
1	7月13日	启动会	1. 领取科学盒子和海报； 2. 录制开箱视频； 3. 会后进群。	每人完成 开箱视频1份 开箱照片若干
2	7月15—17日	科学第一课	1. 了解项目细节； 2. 建设研究团队。	
3	7月中下旬	课题探究	1. 观看平台内教学视频； 2. 利用科学盒子完成课题探究实验。	每组完成 通讯稿3篇
4	8月上旬	中期交流	1. 课题进展汇报交流； 2. 数据分析指导； 3. 成果制作指导； 4. 科研故事素材整理。	
5	8月中旬	结题准备	1. 线上成果指导； 2. 完成PPT、海报和论文成果制作修改及推优； 3. 课题PPT预答辩。	每组完成 PPT、海报、论文各1份
6	9月开学后	成果展示	1. 海报线下评选； 2. 海报线上评选。	每组完成"我的科研故事"视频1份
7	9月开学后	答辩闭幕	汇报答辩、评优颁奖。	

成果提交

每人完成　　　每组完成　　　　　每组完成　　　　每组完成
开箱视频1份　通讯稿(公号推送/手账/vlog)　PPT、海报、论文　"我的科研故事"视频
开箱照片若干　3篇　　　　　　　各1份　　　　　1份

图6 "科学盒子"的成果提交

六、课程评奖

从科学思维、科学兴趣、科学能力、科学观点、科学态度等维度，"科学盒子"设置了诸多奖项(见图7)。

评奖角度　创新课题　特色课题　科研成果　科研故事　深度参与

评奖维度　科学思维　科学兴趣　科学能力　科学观点　科学态度

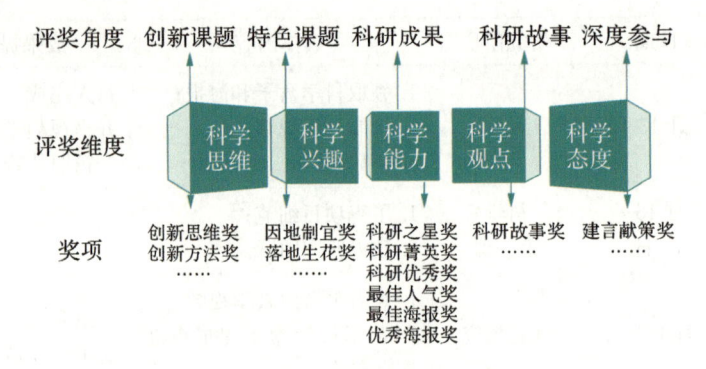

奖项
创新思维奖　因地制宜奖　科研之星奖　科研故事奖　建言献策奖
创新方法奖　落地生花奖　科研菁英奖　……　　　　……
……　　　　……　　　　科研优秀奖
　　　　　　　　　　　最佳人气奖
　　　　　　　　　　　最佳海报奖
　　　　　　　　　　　优秀海报奖

图7 "科学盒子"课程评奖体系

七、科探足迹

"科学盒子"五年来研究了工程技术、生态环境、生命科学等多领域的课题(见表2)。

表 2 "科学盒子"五年研究课题汇总表

年份	领域	课题名称
2019	工程技术	利用棒影图原理探究影响住宅日照间距的因素
2019		探究不同跨度及桥型对桥梁承载能力的影响
2019		探究流体传动及液压传动中液体黏度的差异性
2021		LED灯的光色复配及发光性能探究
2021		不同形状高速列车头车减阻效果探究
2022		柔性压力传感器制备及其性能探究
2023		自制动圈式扬声器并探究扬声器性能的影响因素
2024		现代农业节水技术及智能灌溉系统设计研究
2024		大国重器——基于桌面低速风洞的C919国产大飞机空气动力设计探秘
2024		软体机械手的制作与抓取实验研究
2019	生态环境	不同环境下空气微生物的差异性探究
2019		探究水质之间的差异及不同硬水软化方法的效果
2021		不同浮选溶液对土壤中微塑料的提取分离效果研究
2021		探究土壤微生物计数方法及检测土壤微生物含量差异
2022		关注碳汇作用——大自然的调度师
2022		温室气体——二氧化碳的生态效应研究
2022		聚焦荒漠化问题——土壤改良及生物防治探究
2022		沙漠化趋势变化及不同沙障固沙效益研究
2024		基于光敏电阻自制简易浊度计及絮凝剂净水效果研究
2019	生命科学	探究DNA粗提取及模拟PCR扩增技术
2019		小液流法探究植物水势的影响因素
2019		探究百里香的化感作用对动植物的影响
2021		揭秘杂交水稻之遗传变异与杂交优势产生原因
2021		探究催芽剂对玉米种子萌发和幼苗生长的影响
2023		DNA琼脂糖凝胶电泳的制备及影响因素探究
2024		基于松果开闭行为的仿生双层结构设计及探究

续 表

年份	领域	课题名称
2019	大健康	探究不同制作工艺对泡腾片性能的研究
2021		探究不同茶叶茶多酚含量及抗氧化能力差异
2023		食物中的糖及人体内糖代谢方式研究
2023		免洗手消毒凝胶的研制及特性研究
2024		人体呼吸视觉反馈系统构建及胸腹式呼吸判别研究
2019	新能源	探究影响风力发电机发电功率的因素
2021		探究影响铝空气电池性能的因素
2022		绿色节能建筑中的科学探究
2022		人造树叶——染料敏化太阳能电池的制备及性能研究
2023		摩擦纳米发电机的制备及其性能研究
2021	材料科学	探究高吸水树脂种类及性质对人造雪性能的影响
2023		生物降解塑料——淀粉基可降解塑料的制备及性能研究
2023		热敏变色纺织品的制备及其性能探究
2024		基于不同菌包制作菌丝体材料及性能研究
2021	天文航天	FAST射电天文望远镜工程探究
2022		太空中的迷你生态舱——航天服材料探究
2022		太空中的人间烟火——航天食品性质探究
2022		揭秘空间可展结构中的科学与艺术
2023	智能检测与控制	成熟了吗——颜色的形成、识别及功能电路搭建
2024		基于Arduino开发板的自动驾驶技术研究
2024		土壤湿度传感器的制作优化及土壤湿度范围的测定研究
2024		智能温室环境检测平台的搭建及应用研究
2023	地球科学	盐度检测、海洋污染治理以及海洋变化影响探究
2023		海水资源的开发利用方式及海水腐蚀防护研究

第四章
学科建设中的融合教育实践

"科学盒子"开设了大量指导讲座,进行线下海报评选,组织优秀课题答辩会(见图8—图27)。

图8 "科学盒子"指导讲座

图9 "科学盒子"指导讲座

图10 "科学盒子"指导讲座

图 11 "科学盒子"线下海报评选

图 12 "科学盒子"线下海报评选

图 13 "科学盒子"线下海报评选

第四章
学科建设中的融合教育实践

图14 "科学盒子"线下海报评选

图15 "科学盒子"优秀课题答辩会

图16 "科学盒子"优秀课题答辩会

163

图 17 "科学盒子"优秀课题答辩会

图 18 "科学盒子"优秀课题答辩会

图 19 "科学盒子"优秀课题答辩会

图 20 "科学盒子"优秀课题答辩会

图 21 "科学盒子"优秀课题答辩会

图 22 "科学盒子"优秀课题答辩会

图 23 "科学盒子"优秀课题答辩会

图 24 "科学盒子"优秀课题答辩会

图 25 "科学盒子"优秀课题答辩会

图 26 "科学盒子"优秀课题答辩会

图 27 "科学盒子"优秀课题答辩会

生地技融合教学案例：
从光合作用到太空种植

一、教学背景

随着航天科技和生态农业的快速发展，太空种植已成为人类探索地外生存和可持续发展的关键课题。这一前沿领域天然融合了生物学（光合作用机理、植物生理）、地理学（太空环境特征、资源分布）和技术工程（人工生态系统、智能调控）等多学科知识，为跨学科教学提供了良好载体。

本案例选取"火星种植"为话题，将高中的生物、地理、技术三学科融合一体，以光合作用这一基础生命过程为切入点，了解植物生长的必需条件，进而通过研究火星的地理环境，引导学生利用技术手段设计"火星植物种植仓"。这种"生地技"融合的教学设计，不仅呼应了当代科技发展的交叉融合趋势，更能培养学生的系统思维和解决复杂问题的能力，契合新时代对复合型创新人才的培养需求。

二、教学目标

（一）生物教学目标

理解光合作用的基本概念、反应式及其在植物生长中的重要性。

了解光合作用的历史探索过程，特别是希尔实验、鲁宾和卡门的同位素示踪实验以及阿尔农的实验。

了解火星环境的特点及其对植物生长的挑战,探讨在火星上种植作物的可能性。

(二)地理教学目标

了解火星环境(重力、大气、辐射)与地球的差异。

(三)技术教学目标

能够制定"火星种植仓"的设计目标。
能够构思出"火星种植仓"的设计方案。

(四)跨学科素养目标

通过讨论火星种植的可行性,培养学生的科学探究能力和逻辑思维能力。

能够综合运用生物、地理、技术知识,解决"火星种植仓设计"这一综合问题,培养学生的创新思维和跨学科综合应用能力。

激发学生对太空探索和科学研究的兴趣,培养他们的科学精神和社会责任感。

三、教学过程

(一)导入新课

1. 情境导入

展示"祝融号"火星车在火星着陆的图片,提问:"火星上能种菜吗?"引发学生兴趣,引出这一问题需要生物、地理、技术三学科的知识才能解决。

2. 生物教学引入

首先从生物学的角度引导学生思考:植物在地球上通过光合作用生长,

那么光合作用的条件是什么？在太空中植物能否进行光合作用？

（二）光合作用的概念及反应式

1. 讲解光合作用的概念

光合作用是指绿色植物通过叶绿体，利用光能，将二氧化碳和水转化为有机物，并释放氧气的过程。

反应式：$CO_2 + H_2O \rightarrow (CH_2O) + O_2$

2. 提问与讨论

提问：光合作用释放的氧气是来自水还是二氧化碳？引导学生思考并讨论。

（三）光合作用原理的探索

1. 希尔实验

介绍1937年英国植物学家希尔的实验：在离体叶绿体的悬浮液中加入铁盐，光照下释放氧气。

提问：希尔实验能否证明氧气全部来自水？为什么？

引导学生得出结论：希尔实验只能证明氧气来自水，但不能排除二氧化碳也可能提供氧气。

2. 鲁宾和卡门的同位素示踪实验

介绍1941年鲁宾和卡门用同位素示踪法研究氧气来源的实验。

提问：如何通过同位素示踪法证明氧气全部来自水？

引导学生分析实验数据，得出结论：光合作用释放的氧气全部来自水。同时渗透同位素示踪法、对比实验是生物研究中常用方法。

3. 阿尔农实验

介绍1954年阿尔农的实验：光照下，水光解的同时，ADP和Pi合成 ATP。

提问：ATP 的合成与希尔反应有什么关系？

引导学生理解光反应与暗反应的联系。

（四）光反应与暗反应的比较

1. 对比光反应与暗反应

通过表格对比光反应与暗反应的条件、场所、物质变化和能量变化。

强调光反应为暗反应提供 NADPH 和 ATP，暗反应利用这些物质将二氧化碳转化为有机物。

2. 提问与讨论

提问：如果没有光反应，暗反应能否进行？为什么？

引导学生理解光反应与暗反应的相互依赖关系。

（五）生物知识总结，引出地理知识

总结生物光合作用的必要条件。

提问：太空的环境是怎样的，能满足植物光合作用的需求吗？

（六）火星环境与种植挑战

1. 课堂转承，地理知识引入

展示太阳系八大行星绕日运动的图片。

引导学生思考：从光合作用到太空种植，我们寻找哪一颗天体呢？

2. 太空种植的天体选择

展示资料：火星在太阳系的位置、中国火星探测工程。学生依据资料讨论。

引出：选择火星作为太空种植的天体具有一定的可行性。

3. 火星环境分析

图片展示"祝融号"火星车拍摄的火星表面形貌,学生描述火星表面形貌特点"多样性丰富,有高山、峡谷、平地等"。

播放电影《火星救援》片段,学生依据电影片段分组讨论火星环境特征,思考这些环境特征和太空种植的关系(讨论角度:火星沙尘暴、火星日、火星大气、火星水分、火星土壤等)。

火星环境知识讲解:火星沙尘暴、火星大气、火星水分、火星土壤等特征。

4. 讨论火星种植的可行性

引导学生思考火星环境资源的利用和挑战。

引出技术加持才能实现火星种植。

(七)设计"火星种植仓"

1. 讨论"火星种植仓"的设计目标

引导学生根据植物生长需求、火星环境状态和仓体运行要求多角度思考讨论"火星种植仓"的设计目标。

讨论:植物舱中需要配备哪些设备或系统?简要说说配备这些设备的原因及其相应的功能。

2. 构思"火星种植仓"的设计方案

引导学生依据"火星种植仓"的设计目标,讨论其设计方案。

学生分享讨论结果,教师总结。

(八)总结与拓展

回顾"火星种植"课题的讨论过程,总结学科融合思维的重要性。

引导学生能够多用学科融合的思维思考问题,将不同学科的知识能力融会贯通,将来为我国的科技发展作贡献。

四、教学反思

本节课通过火星种植这一实际问题,将生物、地理、技术知识有机融合在一起,激发了学生的学习兴趣和探究欲望。学生在讨论火星种植的可行性时,展现了较强的创新思维和跨学科应用能力。

在今后的教学中,可以进一步开发学科融合的实际案例,帮助学生更好地理解科学原理在现实生活中的应用,同时促进学生多学科视野的培养,并提升其综合运用知识解决实际问题的能力。

真实情境下生物学重要概念建构的学习进阶策略
——以"植物细胞的结构与功能"一课为例

一、教学背景

"植物细胞的结构与功能"是苏教版《生物》七年级上册第三章"细胞是生命活动的基本单位"中第一节的内容。通过前面的学习,学生已初步掌握临时玻片标本制作的一般步骤,能使用显微镜观察玻片标本。教材中首先简单概述了细胞学说的建立,再组织学生分组观察"洋葱鳞片叶表皮细胞的结构",通过实验识别植物细胞的基本结构,建构"细胞是生命活动的基本单位"这一重要概念。但是教材中的实验选材洋葱(因为制作临时玻片标本较容易)一方面材料较为单一,并不容易建构重要概念;另一方面洋葱鳞片叶表皮液泡较大,学生只能识别细胞壁和液泡两个结构,通过此实验对细胞结构的认识比较抽象,缺乏实证。

初一的学生对学习生物学兴趣浓厚,对实验课更是兴致勃勃。基于多种类型课程的设计与实施对比,笔者决定创设真实的问题情境,基于学习进阶的理论,通过丰富实验材料、拓展实验内容,让学生在大量直观感知的基础上,通过抽象和概括,认识植物细胞的结构与功能,建构"细胞是生命活动的基本单位"这一重要概念。郭玉英等提出的科学概念理解发展的层级模型将学生对科学概念的理解划分为经验、映射、关联及整合四个层级,即学生科学概念的习得经历了由简单到抽象的过程:记忆零散事实→将事实性知识抽象形成一般概念→深化一般概念形成核心概念→迁移应用核心概念。

二、教学目标

1. 初步了解细胞的发现过程,加深对科学过程和本质的理解,体验知识发生、发展的过程。

2. 掌握制作植物细胞临时玻片标本的一般步骤,学会使用显微镜观察,并总结植物细胞的一般结构和功能,形成结构与功能相统一的观念。

3. 基于生物学事实和证据,提升归纳与概括的理性思维。

4. 围绕社会性议题,学会独立思考,辩证地看待问题,提升社会责任意识。

三、教学过程

课前准备:充分利用学校劳动基地的植物,加强临时玻片制作的练习,选择学生做得比较好的装片制作成展板。

课堂引入:欢迎大家来到我们的 Plant Cell 美学之旅,本次参展材料选自学校的劳动基地,一起进入展厅。

1号展厅 植物静态之美

前期将学生采集和制作过程做成视频,展示1号展厅的故事,本着万物皆可显微的原则,大家像植物学家施莱登一样,观察了很多植物的微观结构。邀请4位作者讲一讲他们的取材和发现,同学们从不同作品中得出结论:植物体是由植物细胞构成的。

设计意图:

在以往的设计中,由于缺乏真实情境,植物细胞的抽象概念不能具象,学生的学习处于识记的状态,不能很好地理解概念。在本节设计和实践的过程中,笔者利用学生的课前作品,创设艺术展这样的真实情境,学生瞬间兴致盎然,进入情境,随后得出结论:植物体是由植物细胞构成的。课的开端以视觉形象承载思想观念,丰富学生的精神和物质世界,同时也是一种评价的正向反馈。在美的感受之下认识细胞,初步建构概念的第一维度。

2号展厅　植物动态之美——穿越细胞找到"你"

观察大量细胞图片,提出问题:一个个小小的植物细胞想要生活下去,需要哪些技能?带着这样的问题探究细胞结构与功能的对应关系,进入2号展厅。参观2号展厅,需要同学们掌握参观必备技能:制作临时玻片标本。在此,复习实验操作。

事先准备好植物盲盒5组(洋葱＋黑藻、洋葱＋青菜、洋葱＋花瓣、黑藻＋青菜、黑藻＋西红柿),5位组长抽取植物盲盒,一起探究这些植物内部的秘密。本展厅的参观目标:穿越细胞找到"你"。为了同学们能够顺利参观,请用好我们的实验操作评价表(见表1):

表1　实验操作评价表

参观人:＿＿＿＿　体验评价:＿＿＿＿

操作步骤	操作内容	操作完成	效果达成
① 擦(1分)	用清洁纱布擦拭载玻片	是(　) 否(　)	观察时是否有污物
② 滴(1分)	载玻片中央滴加一滴清水	是(　) 否(　)	量过多、适中还是过少
③ 取(2分)	用镊子撕取表皮细胞	是(　) 否(　)	取材薄而透明
④ 展(1分)	放入载玻片中央的清水中,展平	是(　) 否(　)	观察时,没有折叠
⑤ 盖(2分)	用镊子夹盖玻片接触水滴一侧,轻轻放下,盖住材料	是(　) 否(　)	视野中,没有明显气泡
⑥ 染(1分)	撕取的材料是否需要染色	滴加一滴稀碘液在盖玻片一侧,另一侧用吸水纸吸引 是(　) 否(　)	染色均匀,细胞核可见

续 表

操作步骤	操作内容	操作完成	效果达成
⑦ 观察(2分)	正确使用显微镜对光	是( ) 否( )	白亮的视野
	低倍镜下观察临时玻片标本	是( ) 否( )	图像清晰、无重叠和气泡

评价等级:A:9—10分 B:7—8分 C:5—6分 D:5分以下

提出两个问题:细胞壁和细胞膜怎么区分?叶绿体在哪里?十分钟观察时间,由小组汇报观察的结果。一边发现一边补充,利用制作好的结构模型磁贴,结合结构名称的磁贴,选择同学上台构建模型,根据大家的阐述一步步补充模型。在这里增加两个观察解决问题,一个是高中实验:植物细胞的质壁分离,有一组的清水提前替换成30%的蔗糖溶液,加深学生对细胞壁、细胞膜和液泡功能的理解;另一个是黑藻的胞质环流实验,有的小组盲盒中有黑藻,学生能非常清晰地观察到叶绿体,并能感知细胞内的存在。原来,看似静止的植物,细胞也在"动"着,植物细胞的每一个结构构建了植物生命活动的基础。

最后得出结论:植物细胞是植物生命活动的基本单位。

设计意图:

在2号展厅,设计植物盲盒,未知带来的欣喜会让学生更有探究欲望。观察素材由洋葱变成多样素材,充分调动学生学习的积极性。在真实的观察情境中建构细胞内部的结构,同时基于问题的发现,组织研讨,解决问题,比如细胞壁和细胞膜的作用,叶绿体的作用等,将抽象的概念通过学生的观察建构起来。

3号展厅　自然创造之美——我用模型留住"你"

模型的构建对于学生来说不能照本宣科,在课堂上制作模型所耗时间较多,效果并不是很好,所以该环节改为模型的完善与修正。前期布置每个组根据自己的理解制作植物细胞模型,根据本节课的观察与学习进行模型的修正，小组之间互相评价并展示完善后的作品，最后总结植物细胞的结构和功能。

设计意图：

本节课设计的3号展厅——我用模型留住"你"，从学生的实际观察出发，重视学生的体验，综合运用了美术、劳技等其他学科的知识及操作技能，通过设计植物细胞模型到制作模型，最后学习本节课后改进模型，形成物化成果，本设计依然以学习进阶的模式构建重要概念，学生的学习自然发生，同时知识学习不断进阶，先从概念的第一个维度"植物体是由细胞构成的"开始，再通过材料的观察和问题的解决上升到第二个维度"植物细胞是植物生命活动的基本单位"。在观察中建构细胞模型，在"做中学"，通过前期的模型，基于本节课的学习，优化模型并评价，最终建构重要概念。

四、教学反思

1. 基于真实情境促进重要概念建构

课程标准规定的内容是由大概念、重要概念、次位概念的三级概念体系构成知识框架，大概念是最上位的，需要在重要概念的基础上建立，而重要概念的获得需要概括众多的次位概念。真实情境是来源于生产生活、自然社会、科学研究等现实世界，贴近学生生活经验的场景，能够对学生的身心发展产生影响的环境是进行高阶认知，触动高阶思维的必要条件。真实情境的创设需要从学生的角度出发，一方面利用学生的好奇心，组织多种素材的观察，引导学生亲历选择，感受科学家的经历，给予真实的探究情境；另一方面创设艺术展这样的大情境，对学生作品给予评价，带领学生进入美丽的细胞世界，逐步建构重要概念。

2. 基于学习进阶促进核心素养落地

《义务教育课生物学课程标准（2022年版）》（以下简称《课程标准》）设

立跨学科主题活动,旨在加强学科间相互联系,带动课程综合化实施。依据《课程标准》学习主题(七)"生物学与社会·跨学科实践"概念9:真实情境中的问题解决,通常需要综合运用科学、技术、工程学和数学等学科概念、方法和思想,设计方案并付诸实施,以寻求科学问题的答案或制造相关产品。结合模型制作类跨学科实践活动,利用模型将微观的世界宏观化,加深学生的概念建构,不断进行学习的进阶。新课标倡导"将解决问题的想法或创意付诸实践,逐步形成坚持不懈的探索精神、实践创新意识、审美意识和创意实现能力"。在教学设计中,学生基于动态的学习,实事求是,从观察到发现,一步步搭建概念的模型和完善真实的模型。从生成中提升素养,当学生通过讨论、分析和类比,优化并评价植物细胞模型时,学生已经从平面到立体完成对细胞的认识,并将其在概念形成过程中的思维发展成可视化的模型。基于学习进阶理论设计教学活动,有助于学生发展思维,提升技能,真正建立"细胞是植物体生命活动的基本单位"的重要概念。初中生物学课程不仅要让学生获得基础的生物学知识,还要发展其在科学研究过程中解决问题的能力,主动参与学习,发展科学思维。这需要教师从学生的学习出发,丰富教材内涵,调动各方面的积极因素,让学生的学习真正发生。

如何将生物学跨学科实践与劳动课程有机融合
——以"光合作用的影响因素及其在农业生产中的应用"一课为例

一、教学背景

1. 学科背景

光合作用是高中生物（人教版必修一）的核心内容之一，涉及植物生理学、生态学及能量转化等知识。学生需要掌握光合作用的基本过程、影响因素（如光照强度、CO_2 浓度、温度等）及其在农业生产中的应用。然而，传统教学往往局限于理论讲解和实验演示，缺乏与实际生活的联系，导致学生难以深刻理解其现实意义。

2. 跨学科背景

劳动教育是新时代教育体系的重要组成部分，强调通过实践培养学生的动手能力、问题解决能力及劳动价值观。将生物学科与劳动教育结合，不仅能增强学生对知识的理解，还能引导他们关注农业生产、环境保护等现实问题，培养社会责任感。

3. 学情分析

高中学生已具备一定的生物学基础，能够理解光合作用的基本概念，但对影响因素的实际应用（如大棚种植、合理密植等）缺乏直观体验。同时，部分学生劳动实践机会较少，对农业生产的认识较为抽象。因此，通过跨学科教学,可以让学生在劳动实践中深化对生物学知识的理解。

二、教学目标

(1) 掌握光合作用的基本过程及反应式。(科学思维、科学探究)

(2) 了解农业生产中如何利用光合作用原理提高作物产量。(科学思维、科学探究)

(3) 理解光照强度、CO_2浓度、温度等因素对光合作用的影响,能够设计简单实验探究光合作用的影响因素。(科学思维、科学探究)

(4) 通过生物学与劳动课程有机融合,将生物学知识与劳动技术结合,解决实际问题,培养科学探究精神和团队合作能力,提高动手能力和观察能力。(科学思维、社会责任)

(5) 通过生物学与劳动课程有机融合,增强对农业生产的兴趣,树立珍惜粮食、保护环境的意识。(生命观念、社会责任)

(6) 通过生物学与劳动课程有机融合,体会劳动的价值,形成尊重劳动、热爱劳动的观念。(生命观念、社会责任)

三、教学过程

1. 导入新课

情境导入:

教师播放一段现代农业大棚种植的视频,展示如何通过调节光照、温度、CO_2浓度等提高作物产量,并提问:

(1) 为什么大棚里要安装补光灯?

(2) 为什么农民会在中午打开大棚通风?

(3) 为什么有些作物在冬季生长缓慢?

学生讨论并引导学生结合已有知识猜测答案,并引出本节课主题——光合作用的影响因素及其在农业生产中的应用。

2. 理论讲解

(1) 回顾光合作用的基本过程

通过 PPT 展示光合作用的总反应式,强调光反应和暗反应的场所及条件。

(2) 分析影响因素

利用图表和实验数据讲解:

① 光照强度(光饱和点、光补偿点)

② CO_2 浓度(CO_2 饱和点、温室大棚增施气肥)

③ 温度(酶活性的影响,不同作物的最适温度)

④ 水分和无机盐(缺镁导致叶绿素合成受阻)

(3) 农业生产中的应用

结合案例讨论:

① 合理密植(避免遮光)

② 大棚种植(调节温湿度、增施 CO_2)

③ 轮作和间作(提高光能利用率)

3. 实验探究

实验名称:探究光照强度对植物光合作用的影响

实验材料:水生植物(如黑藻)、LED 灯、刻度尺、计时器、$NaHCO_3$ 溶液(提供 CO_2)

实验步骤:

(1) 将黑藻放入装有 $NaHCO_3$ 溶液的烧杯中。

(2) 调节 LED 灯与烧杯的距离(模拟不同光照强度)。

(3) 观察并记录单位时间内气泡(O_2)的产生速率。

数据分析:绘制"光照强度—气泡数量"曲线,分析光饱和点和光补偿点。

劳动教育结合：

学生分组模拟"农民"角色，讨论如何根据实验数据优化大棚光照管理。

4. 劳动实践

活动名称：校园小型温室种植实践

任务分配：

A组：调节光照（使用遮阳网和补光灯）

B组：控制CO_2浓度（放置干冰或通风调节）

C组：监测温度（记录不同时段温度变化）

实践过程：

（1）每组种植相同数量的生菜或豆苗。

（2）每天记录生长情况（株高、叶片颜色等）。

（3）一周后对比各组作物长势，分析环境因素的影响。

总结讨论：

哪组作物生长最好？为什么？

如何改进种植方法以提高产量？

5. 总结与拓展

知识梳理：通过思维导图总结光合作用的影响因素及农业应用。

拓展思考：

（1）如何利用光合作用原理解决粮食短缺问题？

（2）现代科技（如垂直农场、智能温室）如何优化光合作用效率？

作业布置：

撰写一篇短文《光合作用与智慧农业》，结合本节课所学提出合理化建议。

四、教学反思

1. 成功之处

教师在生物学课堂上开展联合劳动课程的跨学科教学,能帮助学生建立立体的知识网络,全面提升学生生物学科核心素养。

跨学科融合效果显著:通过劳动实践,学生不仅巩固了生物学知识,还掌握了基本的种植技能,体现了"做中学"的理念。

学生参与度高:实验和种植活动激发了学生的兴趣,小组合作培养了团队精神。

联系实际生活:结合现代农业案例,帮助学生理解知识的应用价值。

2. 改进方向

实验条件的优化:部分学校可能缺乏精密仪器,可用手机测光 APP 替代专业照度计。

劳动实践的持续性:种植周期较长,建议建立长期实践基地,让学生持续观察作物生长。

差异化教学:针对不同学生能力,设置分层任务(如基础组记录数据,进阶组设计对比实验)。

3. 未来展望

未来可进一步与化学(CO_2 调控)、物理(光照测量)、地理(气候对农业的影响)等学科融合,设计更综合的跨学科课程,培养学生的跨学科素养。

"课程思政"视域下初中生物单元教学实践探索
——以"生物的分类和多样性的保护"一课为例

一、理念融合:课程思政与义务教育初中生物学课程标准的深层相融

课程思政指以构建全员、全程、全课程育人格局的形式将各类课程与思想政治理论课同向同行,形成协同效应,把"立德树人"作为教育的根本任务的一种综合教育理念。人与自然和谐共生的现代化,是对我国生态环境发展过程的深刻认识和总结,在初中生物学教学过程中,应当深刻理解"生态兴则文明兴"的生态文明理念,落实学科育人的宗旨。

现以苏教版初中生物学(2024版)"生物的分类和多样性的保护"为例,以生物学重要概念构建为主线,立足真实情境的创设,从章节教学的设计到实施全过程,将"课程思政"融入学习目标、学习情境、学习任务和学习评价四个方面,为"课程思政"在初中生物单元教学中的具体实施路径提供参考。

二、模式构建:"课程思政"融入初中生物单元教学的路径

通过深入剖析单元教学内容,结合"课程思政"元素,科学地设定学习目标,在真实情境中完成学习任务,融合"课程思政"的学习评价,有效达成核心素养的落地。经实践,初步构建"课程思政"融入初中生物单元教学的路径(见图1)。

```
┌─────────────┐    ┌─────────────┐    ┌─────────────┐    ┌─────────────┐
│确定单元教学  │    │深入挖掘教材 │    │问题引导，设 │    │构建"单元教学"│
│主题的概念体 │    │中的单元"课 │    │置融入"课程  │    │和"课程思政" │
│系，依据单元 │──→ │程思政"资源，│──→ │思政"的学习  │──→ │的多元评价体 │
│概念体系建构 │    │创设真实的学 │    │任务，引导学 │    │系，实现课程 │
│"课程思政"   │    │习情境       │    │生自主完成学 │    │育人目标     │
│核心理念体系 │    │             │    │习任务       │    │             │
└─────────────┘    └─────────────┘    └─────────────┘    └─────────────┘
```

图 1 "课程思政"融入初中生物单元教学的路径

三、教学实践："课程思政"融入初中生物单元教学的例析

（一）研析单元内涵　挖掘思政元素

深耕课程标准，解读教学内容。在《义务教育生物学课程标准（2022年版）》的总目标要求中提到：初步形成生态文明观念，践行"绿水青山就是金山银山"的理念，积极参与环境保护实践，立志成为美丽中国的建设者。同时，关于本章内容的学业要求：（1）说明生物的不同分类等级及其相互关系，初步形成生物进化的观点。（2）对于给定的一组生物，尝试根据一定的特征对其进行分类。（3）分析不同生物与人类生活的关系，关注外来物种入侵对生态安全的影响，认同保护生物资源的重要性。（4）主动宣传生物多样性的重要意义，自觉遵守相关法律法规，保护生物多样性。再对比苏教版2011版和2024版教材的内容，在2011版中，本章节内容体现在第十四章"生物的分类"和第十五章"生物多样性及其保护"，共3课时；在2024版中，融合在第六章"生物的分类和多样性的保护"包括"生物的分类""生物的多样性和"和"生物资源的保护"，共7课时。新版教材对本章概念用了7课时进行深化理解，帮助学生领悟各类生物和人类生活的密切关系，并积极参与保护生物多样性的活动，教材融合传统文化、生态文明等知识，体现社会责任。

第四章
学科建设中的融合教育实践

按照要求,围绕教材内容进行教学设计,建构单元"概念体系"和"课程思政"理念建构的示意图(见图2)。

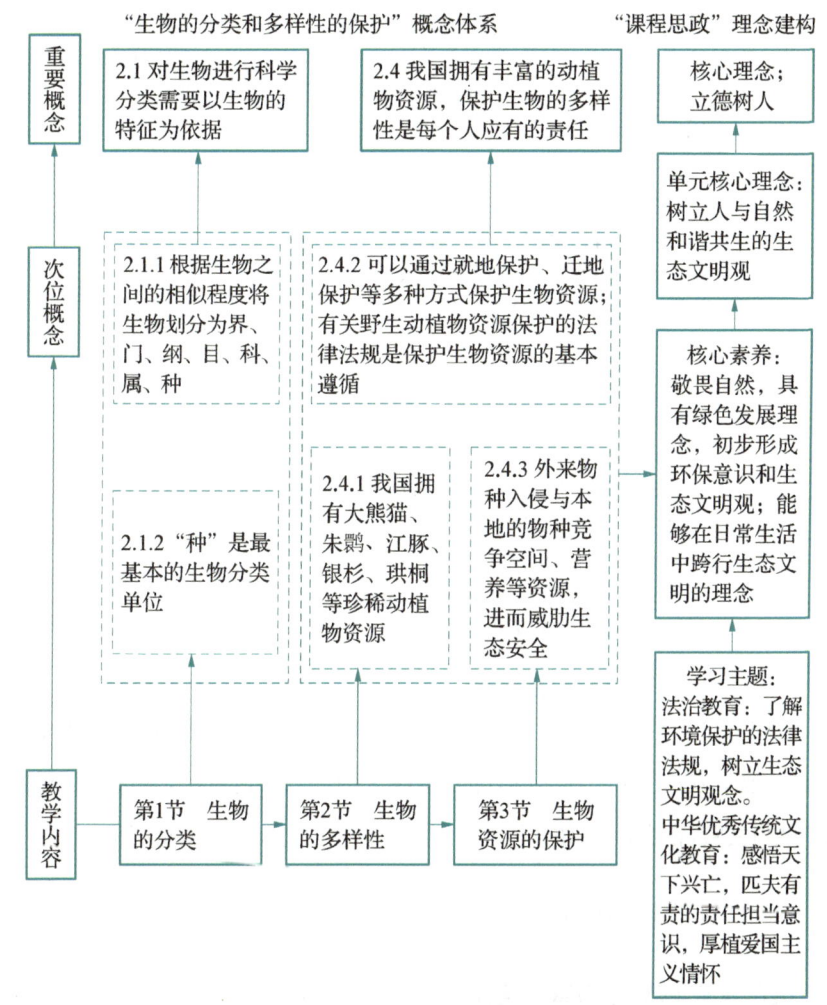

```
        "生物的分类和多样性的保护"概念体系              "课程思政"理念建构

重要      2.1 对生物进行科学      2.4 我国拥有丰富的动植      核心理念;
概念      分类需要以生物的        物资源,保护生物的多样      立德树人
          特征为依据              性是每个人应有的责任

                                                          单元核心理念:
                                                          树立人与自然
次位      2.1.1 根据生物之    2.4.2 可以通过就地保护、迁地    和谐共生的生
概念      间的相似程度将      保护等多种方式保护生物资源;    态文明观
          生物划分为界、      有关野生动植物资源保护的法
          门、纲、目、科、    律法规是保护生物资源的基本
          属、种              遵循                          核心素养:
                                                          敬畏自然,具
                             2.4.1 我国拥  2.4.3 外来物    有绿色发展理
          2.1.2 "种"是最    有大熊猫、    种入侵与本      念,初步形成
          基本的生物分类    朱鹮、江豚、  地的物种竞      环保意识和生
          单位              银杉、珙桐    争空间、营      态文明观;能
                            等珍稀动植    养等资源,      够在日常生活
                            物资源        进而威胁生      中践行生态文
                                          态安全          明的理念

                                                          学习主题:
                                                          法治教育:了解
教学      第1节 生物    第2节 生物    第3节 生物      环境保护的法律
内容      的分类        的多样性      资源的保护      法规,树立生态
                                                          文明观念。
                                                          中华优秀传统文
                                                          化教育:感悟天
                                                          下兴亡,匹夫有
                                                          责的责任担当意
                                                          识,厚植爱国主
                                                          义情怀
```

图2　建构单元"概念体系"和"课程思政"理念建构的示意图

深化教学理念,综合教学素材。依据苏教版教材中"生物的分类和多样性的保护"的内容,综合2024年人教版、冀少版、苏科版、济南版初中《生物学》七年级上的内容,笔者从"法治观念""责任意识"两个维度的核心素养深入挖掘,分析单元内容中的思政元素,并采取有效的融入方式进行教学设计与实施(见表1)。

187

表 1 "生物的分类和多样性的保护"思政元素分析

第六章内容	"课程思政"元素分析	元素类别	学习方式
第一节 生物的分类	(1)了解我国的分类学科学史,梳理分类学的历史进程,尝试分类活动; (2)利用本土资源学会正确分类,形成生物进化的观念和环保意识	责任意识	设计分类活动 进行分类实践
第二节 生物的多样性	(1)调查我国的动植物资源,提升人与自然和谐共生的生态文明观念; (2)讨论生物多样性面临的威胁,采取积极有效的措施,提升生态安全意识	责任意识	调查我国生物资源现状 调查外来物种入侵的危害
第三节 生物资源的保护	(1)调查本土资源的保护情况,培养学生的责任意识; (2)开展法律法规的学习活动,了解法律对国家安全的保障作用,自觉履行维护生态安全的义务; (3)关心社会时事,主动参与社会实践,自觉践行生态文明理念	责任意识 法治观念	调查生物资源的保护 查阅相关法律 开展辩论赛、模拟法庭等活动

在内容分析时,思政元素的切入方式是多元化的,活动设计时要体现单元的系统性,教学方式也可灵活多样,综合讲授法、实验法、讨论法,并进行学科融合的尝试与实践,在实践活动中润泽学生的情感,提升责任意识和法治观念。

(二)创设真实情境 内化思政实效

结合地域生态,厚植家国情怀。 在单元情境设置时,可以充分利用所在区域的生态环境,如第一节"生物的分类",创设探秘"江苏盐城大丰麋鹿自然保护区"的情境,了解麋鹿的生活习性,激发学生的学习兴趣,拉近学生与野生动物的距离。麋鹿俗称"四不像",借助教材中的描述,分别比较其与马、鹿、牛、驴相似的特征和不同的特征。指导学生思考生物分类的依据,并拓展教材中的素材,尝试分类活动,说出分类的依据,自主构建生物分类思维导图。在学习生物的分类等级时,以当地的动物园为情境背景,开展小组活动,利用分类知识,为当地动物园的知名动物建立"户口本",了解它们的亲缘关系。除此之外,充分挖掘国家公园的相关资料,在第三节"生物资源的保护"中,结合地理学知识,创设"探秘三江源"的情境,了解中国在生物资源保护方面的具体策略,了解就地保护对于生物资源的重要意义。这些地域生态不仅涉及生物学知识,还蕴含着对自然的敬畏和对生命的尊重,是思政教育的优良载体。

赓续传统文化,坚定文化自信。 在不同版本的新教材中,都渗透着我国优秀的传统文化,这些文化知识的融入不仅能让我们更好地学习科学史,也能增强文化自信,宣传优秀的传统文化。如在第一节"生物的分类"第2课时中,以李时珍的《本草纲目》引入学习情境,结合生物分类的科学史学习,从《尔雅》《自然系统》《物种起源》中了解人类对生物分类学的研究。充分利用文化素材,学生不仅能够学习到生物学的专业知识,还能在无形中受到传统文化的熏陶,实现知识与价值观的双重提升。

(三)探索综合实践 强化思政素养

结合社会议题,提升社会责任。 关注社会时事,强化思政素养。如在第三节"生物资源的保护"中,通过组织微型辩论赛:长江10年禁渔是否值得?把社会性议题讨论带到学生面前,激发学生对《中华人民共和国长江保护法》的思考,突出依法保护野生动植物资源的重要意义。通过视频《野象北迁》,回望中国在生物多样性保护方面取得的重要成就。我国依法严厉打击各种违法活动,对影响保护生物资源及其生存环境的行为进行严肃查处。组织模拟法庭活动,分小组学习生物资源保护的法律法规,阅读并了解其主要内容,如《中华人民共和国森林法》《中华人民共和国草原法》《中华人民共和国渔业法》《中华人民共和国环境保护法》《中华人民共和国海洋环境保护法》《中华人民共和国长江保护法》《中华人民共和国生物安全法》等。组织学生搜集各种与生物资源保护有关的案件,辨别这些案例和哪些法律有关,加强对法律法规的认识和宣传。

组织综合实践，发展公民品格。 利用学校的集体活动或者假期时间，设计综合实践活动，让学生在体验中发展品格，提升责任意识。如在第一节"生物分类"中为校园植物分类，并为其标注铭牌信息，一方面学以致用，另一方面提升学生对校园的关注与爱护。在植物铭牌设计与制作中提升学生小组合作能力和语言表达能力。在第二节"生物的多样性"中，制定问卷，从问卷调查出发，了解学校师生对生物多样性相关知识的了解，尤其是生物多样性面临的威胁。问卷调查后，组织学生调查"福寿螺""鳄雀鳝""加拿大一枝黄花"等代表性外来入侵物种在当地的情况和危害，结合问卷内容和调查内容进行学校和社区宣传。在第三节"生物资源的保护"中，组织学生分组了解长江江豚的保护措施，参观南京长江江豚科教中心，制订参观计划，实地参观后，结合南京的文化，以长江江豚保护为主要内容，设计城市名片，积极回应长江的生态保护，赋能生态文明建设。

（四）完善评价建议 促进课程育人

在单元教学活动中，需要根据不同的学习任务，渗透课程思政的评价目标，提升课程育人的实效。以下是以含有课程思政元素的任务为主线，对应的评价建议（见表2）。

表2 建构"课程思政"学习任务的单元评价建议

第六章内容	学习任务	单元评价建议
第一节 生物的分类	任务一：了解我国的分类学科学史，梳理分类学的历史进程，尝试分类活动 任务二：利用本土资源学会正确分类，形成生物进化的观念和环保意识	1. 能够运用列表、绘制思维导图和分类检索表等方法，对生物类群的形态结构和生理功能进行比较，了解生物分类的方法和依据，初步形成生物进化的观点； 2. 能够学会使用分类检索表，实践分类等级的学习，能根据分类等级，对比不同生物的亲缘关系； 3. 能够根据教材中的素材，得出只有同"种"生物才能通过有性生殖产生可育的后代

第四章
学科建设中的融合教育实践

续 表

第六章内容	学习任务	单元评价建议
第二节 生物的多样性	任务一：调查我国的动植物资源，提升人与自然和谐共生的生态文明观念 任务二：讨论生物多样性面临的威胁，采取积极有效的措施，提升生态安全意识	1. 能够调查对当地具有重要经济价值的生物资源，通过寻找馆藏资源，能够以项目的形式开展学习； 2. 能够运用资料分析、问卷调查、实地勘测等多种方式的实践探究，主动获取证据，正确作出判断，学会实践探究的报告撰写和交流； 3. 能够收集生物资源安全方面的资料，学会探究当地河流水域中的生物多样性的环境因素，探究赤潮或水华现象对生物多样性的影响，探究凤眼蓝（水葫芦）和福寿螺等外来物种入侵对本土生态平衡的威胁等
第三节 生物资源的保护	任务一：调查本土资源的保护情况，培养学生的责任意识 任务二：开展法律法规的学习活动，了解法律对国家安全的保障作用，自觉履行维护生态安全的义务 任务三：关心社会时事，主动参与社会实践，自觉践行生态文明理念	1. 能够参与小组汇报和资料整理，进行过程性评价； 2. 了解保护野生动植物资源的相关法律法规，开展生物多样性保护辩论赛等，学会深入交流讨论，在激烈的辩论中，分析、认同保护生物资源的重要性，增强保护生物多样性的社会责任意识，促进知识的转化和迁移，愿意身体力行地投入野生动植物资源保护的活动中

学习评价是教学过程的重要环节，"课程思政"的教学应当潜移默化地影响着学生的价值观念，以丰富多元的评价方式优化学生的学习路径，体现学科素养的培养。

四、实施建议

"课程思政"是立德树人的基础工程，学科教学的首要功能是教育和育人。教师引导学生认同"人与自然是生命共同体",人类必须尊重自然、顺应自然、保护自然,提升学生保护生物多样性的观念,引导学生树立和践行"绿水青山就是金山银山"的理念,主动参与保护环境的宣传教育活动,为保护生态环境作出积极贡献。

资源整合的教材观。"课程思政"元素的选取需要整合单元教学内容,以大概念、重要概念和次位概念为基准,既要重点突出,又不能太过笼统,需要教师在生活中有敏锐的教材观,及时搜集相关的素材,巧妙地与单元内容集合,在各个环节恰如其分地融入"课程思政"的学习任务。

学习建构的教学观。学习的主体是学生,教师精选"课程思政"元素后,需要采取多元化的教学方式丰富单元的教学设计,可通过实验设计和对比建构概念,也可以采取信息化手段创设真实的学习情境,以小组合作实施综合活动,践行责任意识,以小组调查汇报展示等深化概念,引领学生在学习中自主建构知识,发展学生的综合能力。

育人宗旨的学习观。初中生物学的课程学习是爱国主义教育、社会责任教育、生命教育、生态文明教育等思政教育的重要载体。初中阶段也是学生思想塑型的重要时机,为党育人,为国育才是教师的使命,教师需秉持课程育人宗旨,充分挖掘"课程思政"元素,承担学科育人的责任与使命。

基于单元融合的高三一轮复习之 PCR 技术的应用教学案例

一、教学背景

在当下单知识点教学模式主导的现状下,学生对于知识的掌握往往呈现出碎片化的特征。以生物学中的 PCR 技术为例,学生在学习时,仅孤立地知晓该技术的原理与操作流程,却难以将其与实际应用场景以及其他生物学知识建立有机联系。这导致学生在面对复杂的综合性问题时,缺乏跨学科分析与解决问题的能力。

本次基于单元融合的高三一轮复习中关于 PCR 技术的应用教学,旨在打破传统的知识点之间的壁垒,突破学生认知局限。通过将 PCR 技术与基因工程、考古学、医学诊断、DNA 测序等多领域知识进行融合,引导学生从多学科视角审视 PCR 技术的广泛应用。期望通过这样的单元融合,实现对学生综合运用知识能力的培养,达成提升学生科学素养与解决实际问题能力的教学目标。

二、教学目标

1. 使学生理解 PCR 技术的步骤和原理。
2. 培养学生应用 PCR 技术去解决实际问题的能力。

三、教学过程

(一) 情境导入

展示例题：

(2021 山东高考 4.单选)考古学家利用现代人的 DNA 序列设计并合成了一种类似磁铁的"引子"，成功将极其微量的古人类 DNA 从提取自土壤沉积物的多种生物的 DNA 中识别并分离出来，用于研究人类起源及进化。下列说法正确的是（   ）

A. "引子"的彻底水解产物有两种

B. 设计"引子"的 DNA 序列信息只能来自核 DNA

C. 设计"引子"前不需要知道古人类的 DNA 序列

D. 土壤沉积物中的古人类双链 DNA 可直接与"引子"结合从而被识别

题目中考古学家利用的技术就是 PCR。PCR 技术还有哪些应用呢？

(二) 讲授新课：PCR 技术的应用

1. 获取目的基因

例 1：(2018 江苏高考 32)为生产具有特定性能的 α-淀粉酶，研究人员从某种海洋细菌中克隆了 α-淀粉酶基因，利用基因工程大量制备出 α-淀粉酶，实验流程见图 1。请回答下列问题：

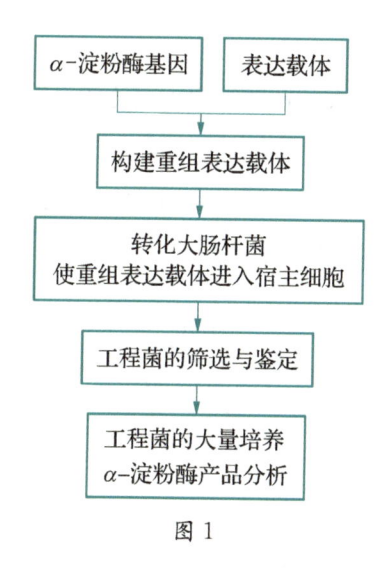

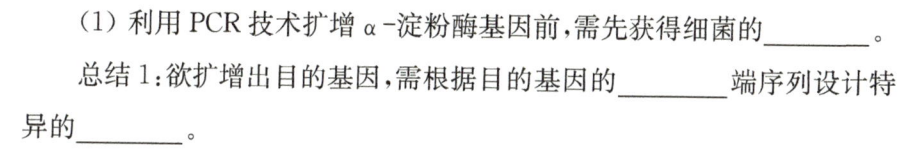

```
        α-淀粉酶基因    表达载体
              ↓
        构建重组表达载体
              ↓
        转化大肠杆菌
        使重组表达载体进入宿主细胞
              ↓
        工程菌的筛选与鉴定
              ↓
        工程菌的大量培养
        α-淀粉酶产品分析
```

图 1

（1）利用 PCR 技术扩增 α-淀粉酶基因前，需先获得细菌的_____。

总结 1：欲扩增出目的基因，需根据目的基因的_____端序列设计特异的_____。

2. 在目的基因两端添加限制性酶切位点，便于与载体连接

例 2：(2018 江苏高考 32) 为生产具有特定性能的 α-淀粉酶，研究人员从某种海洋细菌中克隆了 α-淀粉酶基因，利用基因工程大量制备 α-淀粉酶。请回答下列问题：

（2）为了便于扩增的 DNA 片段与表达载体连接，需在引物的_____端加上限制性酶切位点，且常在两条引物上设计加入不同的限制性酶切位点，主要目的是_____。

总结 2：为了便于扩增的 DNA 片段与表达载体连接，需在引物的_____端加上_____的限制性酶切位点。

3. 定点诱变目的基因

例3：蛋白 A 基因在大肠杆菌细胞中表达效率很低，研究者推测不同生物对密码子具有不同的偏好，因而设计了与蛋白 A 基因结合的两对引物（引物 B 和 C 中都替换了一个碱基），并按图 2 方式依次进行多次 PCR 扩增，以得到新的蛋白 A 基因。

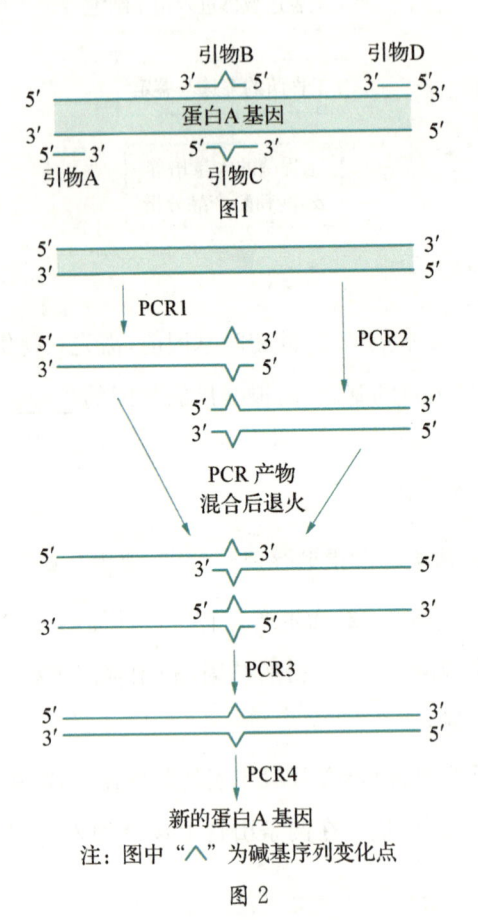

图1

图2

注：图中"∧"为碱基序列变化点

图中所示的多次 PCR 可能都涉及引物的选择。其中 PCR1 应该选择的引物是_____，PCR4 应该选择的引物是_____。

总结3：欲定点诱变目的基因，可利用重叠延伸 PCR 技术，在设计_____时引入突变碱基。第_____次循环后即可产生突变基因。

4. 检测目的基因

例 4：(2022 江苏高考 24)

(3) 将 X-GFP 基因融合片段 M 导入如图 3 所示载体质粒 Y(片段 M 在 EcoR V 位点插入)，构建 Y-M 重组质粒。

欲用 PCR 技术鉴定正向重组质粒 Y-M(图中融合片段 M 中有白色的箭头，代表方向)，应选择图中引物_____；PCR 目的产物约为_____bp。

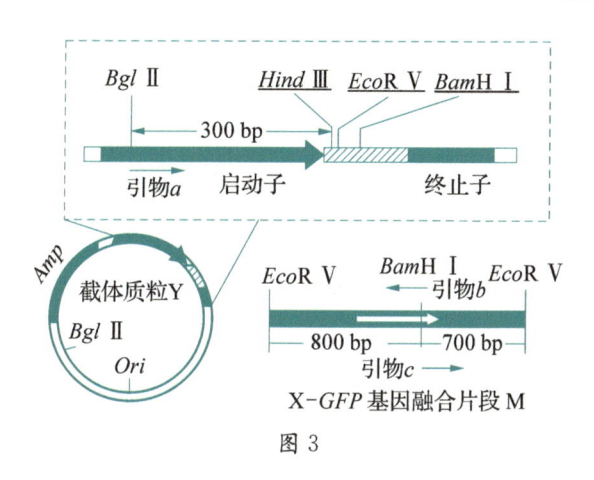

图 3

总结 4：为了检测目的基因是否正确插入了载体，需根据目的基因及载体的序列，设计特异的_____进行 PCR，结合_____进行鉴定。

5. 检测新冠病毒的 RNA

例 5：(2022 苏锡常镇二模 33)

(4) 用 TaqMan 荧光探针技术(见图 4)检新冠病毒时，在反应体系中要加相应的模板、引物、探针和_____、_____酶等，其中酶发挥的具体作用是_____和_____。

(5) 若最初该反应体系中只有一个病毒的 cDNA 分子，经 n 次循环后，需要消耗 TaqMan 荧光探针_____个。

总结 5：检测病毒 RNA 或者目的基因的 mRNA 时，可使用 RT-PCR

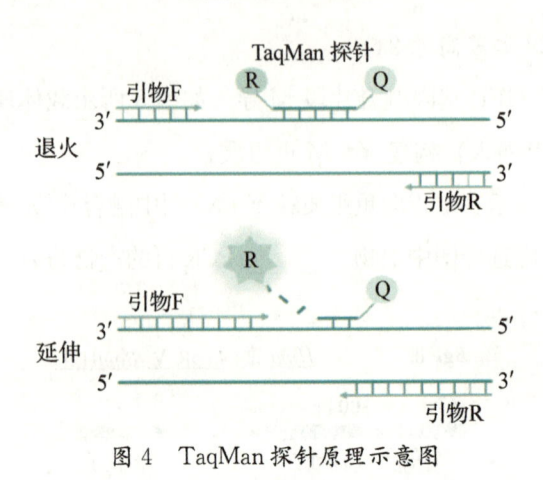

技术。将提取到的RNA进行_____得到_____,再进行PCR。

图4　TaqMan探针原理示意图

6. 扩增已知序列两侧的未知DNA序列

例6：(2020江苏高考33)如果已知一小段DNA的序列,可采用PCR的方法,简洁地分析出已知序列两侧的序列,具体流程如图5。

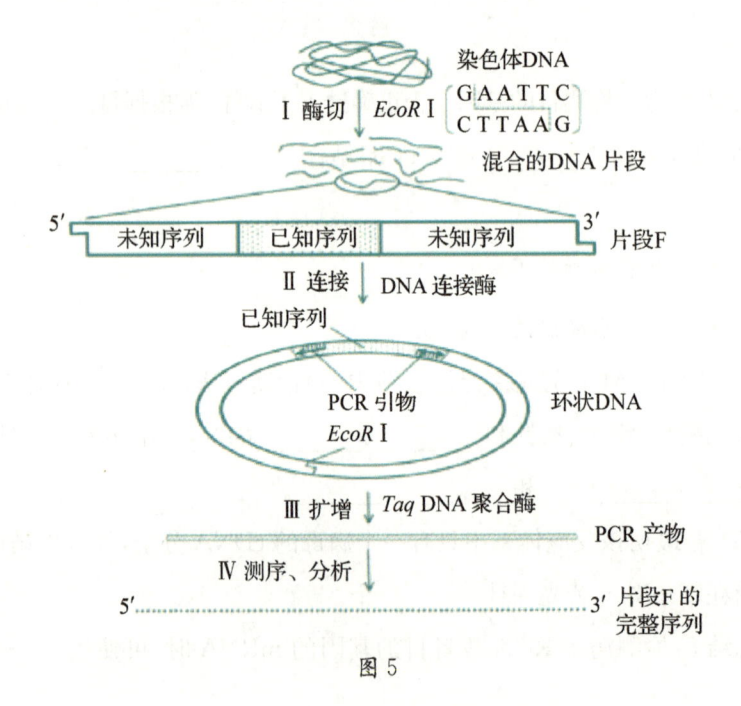

图5

(6) 若图 6 为已知的 DNA 序列和设计的一些 PCR 引物,步骤Ⅲ选用的 PCR 引物应该是_____。

① 5′- AACTATGCGCTCATGA - 3′
② 5′- GCAATGCGTAGCCTCT - 3′
③ 5′- AGAGGCTACGCATTGC - 3′
④ 5′- TCATGAGCGCATAGTT - 3′

已知的 DNA 序列:

5′-AACTATGCGCTCATGA------GCAATGCGTAGCCTCT-3′
3′-TTGATACGCGAGTACT------CGTTACGCATCGGAGA-5′

图 6

总结 6:测定已知 DNA 序列两侧的序列时,先将 DNA 用限制酶和_____酶处理成_____状,再根据已知序列的_____端序列设计引物进行 PCR,得到的_____状 DNA 片段用测序技术进行分析。

7. 末段终止法 DNA 测序

例 7:双脱氧核苷三磷酸(ddNTP)与脱氧核苷三磷酸(dNTP)的结构如图 7 所示。ddNTP 按碱基互补配对的方式加到正在复制的子链中后,子链的延伸立即终止。某同学欲以一些序列为 5′—GCCTAAGATCGCA—3′的 DNA 单链为模板,通过 PCR 技术获得以碱基"C"为末端(3′为碱基 C)不同长度的子

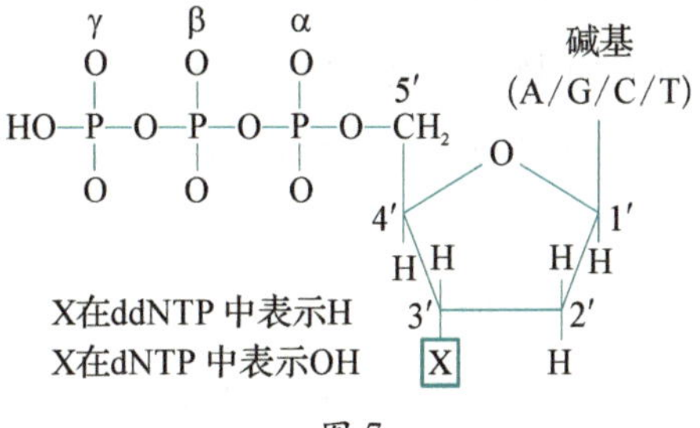

图 7

链 DNA 片段,将以上子链 DNA 片段进行电泳分离可得到_____种不同长度的子链 DNA 片段。

为使实验顺利进行,在 PCR 反应管中除了单链模板、引物、DNA 聚合酶和相应的缓冲液等物质,还需要加入下列哪组原料:_____。

A. dGTP、dATP、dTTP

B. dGTP、dATP、dTTP、dCTP、ddCTP

C. dGTP、dATP、dTTP、dCTP

D. ddGTP、ddATP、ddTTP、ddCTP

总结 7:在末段终止法 DNA 测序时,四个反应管中分别加入模板 DNA、引物、DNA 聚合酶、_____以及少量带有放射性或荧光标记的 ddNTP。在 PCR 时,DNA 链会随机在不同位置终止,从而产生一系列长度不同的 DNA 片段。再通过_____将上述四个反应管中的产物进行分离。

四、教学反思

作为高三一轮复习中关于 PCR 技术的专题课,此次教学设计摒弃了对 PCR 基本原理的重复讲解,着重引领学生深度剖析教师精心创设的真实情境。在此过程中,学生需要运用所学的生物学原理与方法,尝试解决复杂的实际问题。这要求学生打破对 PCR 常规方法和常见应用情境的固有认知,借助建模思维,精准梳理研究情境中的核心问题,并以创造性思维为驱动,灵活运用 PCR 技术找到解决方案。在这一探究过程中,学生能够逐步掌握科学探究的基本思路与方法,实现知识与能力的双重提升。

尤为值得一提的是,本节课充分践行单元融合教学理念。在教学过程中,巧妙地将 PCR 技术与多个相关单元的知识进行有机融合。例如,在分析 PCR 技术在基因工程中的应用时,紧密联系基因表达载体的构建和目的基因导入受体细胞等内容，让学生深刻体会到不同知识点之间的内在逻辑关联，构建起完整的知识体系。同时，在探讨PCR技术在医学诊断、DNA测序等实际场景中的应用时，融合了生物、化学以及临床医学等多学科知识，拓宽了学生的知识视野，提升了学生跨学科解决问题的能力。

"人工智能温室中的番茄生长"项目的跨学科项目化学习例析

一、跨学科项目化学习案例简介

本文以"人工智能温室中的番茄生长"项目为例，基于教学境脉的设计，构建跨学科项目化学习的基本路径，引导学生创造性地融合不同学科知识进行生活实践，解决真实情境中的问题。

二、跨学科项目化学习的意义

跨学科项目化学习是基于两个或两个以上学科的核心概念与能力，或者基于一套超学科的概念体系的共同作用来促进学生对世界的深度理解。学生汇聚两个及以上的学科概念来解释现象、解决问题、创造作品，从而产生新的理解，创造出新的意义。这样的学习方式能够打破学科壁垒，加强学科内在关联，提高学生综合运用知识解决问题的能力。这与《义务教育生物学课程标准（2022年版）》（以下简称《课程标准》）倡导的实践理念相一致，是开展学习主题（七）"生物学与社会·跨学科实践"，建构概念9"真实情境中的问题解决，通常需要综合运用科学、技术、工程学和数学等学科的概念、方法和思想，设计方案并付诸实施，以寻求科学问题的答案或制造相关产品"的重要学科实践方式。

三、跨学科项目化学习具体实践

（一）创新设计：让项目在情境中建构

一个好的项目不仅要还原真实世界的本质面貌，更应该具有开阔学生眼界、提升学生格局的立意。无土栽培已逐渐走入日常生活，笔者尝试和学生一起从设计到定稿，在校园内搭建无土栽培平台，集教学实践、劳动技能、科学探究为一体，让学生真切感受到生命科学与生活、生态的内在关联（见图1）。前期引导学生思考无土栽培过程中营养液的准备和基质的选择，指导学生掌握育苗技术以及无土栽培的管理。

像科学家一样思考，沿着做课题的思路，笔者带领学生进行了前期的文献学习，最终选择以番茄为研究载体，知网中查询到8437篇，其中温室番茄255篇，番茄果实198篇，番茄品种179篇，而番茄课程只有1篇，这让学生对番茄的研究兴趣倍增。

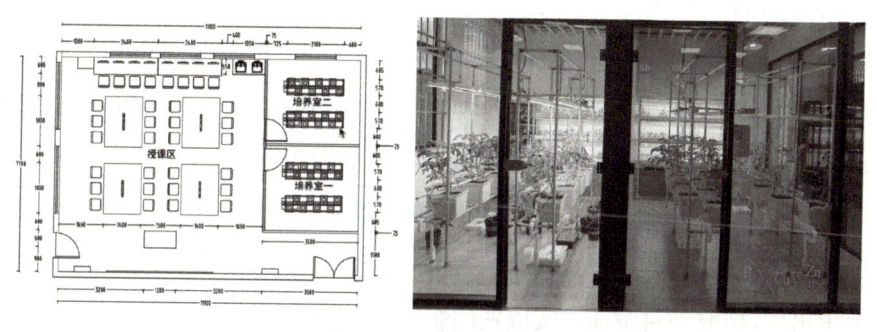

图1　人工智能温室图

实验室的可控变量为：光强、光谱、温度、湿度、二氧化碳、PHEC营养和基质湿度等。基于初中生物学课程的学习重点，学生首先设计光合作用为变量，探究不同光质对番茄生长的影响。一间采用白光，一间采用红光，其余变量相同。在番茄生长发育过程中引导学生观察植株生长发育情况，做好图片及文字记录,指导学生进行相应的分析并撰写实践探究活动报告。实践中,学生发现人工智能平台操作十分便利,但是补水和营养供给时长的控制并不容易。由于缺乏经验,番茄叶片多处呈现灼伤状态。基于出现的问题,师生共同讨论,进行了6次光照时长和补水的调整,正是在这样真实的问题情境中,学生通过实际观察,发现问题并解决问题,深刻体会水分、光照等条件都会给植物生长造成很大的影响,需要认真观察并适时调整。

设计意图:

从人工智能温室的设计到建成,教师带领学生大胆设计,创新实施,在真实的问题情境中开展学习,一方面提升学生科学探究的兴趣,另一方面强化学生实践技能,一步步贴近生物学与社会跨学科实践的学习目标。

(二)循证研究:让跨学科在项目中实践

在番茄前6周的生长过程中,学生意外地发现其和原先假设并不相同,从植株的高度、长势来看,第一次打顶前,白光实验室中番茄平均株高为50.1 cm,红光实验室中番茄平均株高为48.3 cm,差距不大。直到第三个月,学生发现在开花和结果的过程中,差异逐渐显现,白光实验室中开花结果48个,红光实验室中的番茄几乎没有开花。继续追踪文献学习,学生渐渐打开了思路,发现不同叶绿素吸收的光不同,叶绿素又分为四种不同的色素,在文献搜索时学生又发现番茄红素的本质是叶绿素的一种——类胡萝卜素。此时,学生分成了两个项目组,第一组从生物和物理学科视角出发,研究白光和红光的光谱对番茄生长的本质区别;第二组从生物和化学学科视角出发,探究光对番茄果实成熟的影响,通过番茄红素的变化以及对糖含量的测量来论证。为了帮助学生解决两个项目的问题,老师还联合物理、化学以及信息教师,用专业的思考方式帮助学生一起综合解决问题。

第一组:利用仪器在温室中测量两个实验室的光谱,从光谱分析可知,光合作用主要靠可见波段的光来进行。查阅相关资料后发现,波长390~410 nm紫光可活跃叶绿体运动;波长600~700 nm红光可增强叶绿体的光合作用;波长 500~560 nm 绿光会被叶绿体反射和透射,使光合作用下降。可见,不同波长的光对植物形态结构和化学成分、光合作用、器官生长发育等影响不同。实验中,白光是复合光(见图 2),番茄可利用的光比红光要多。

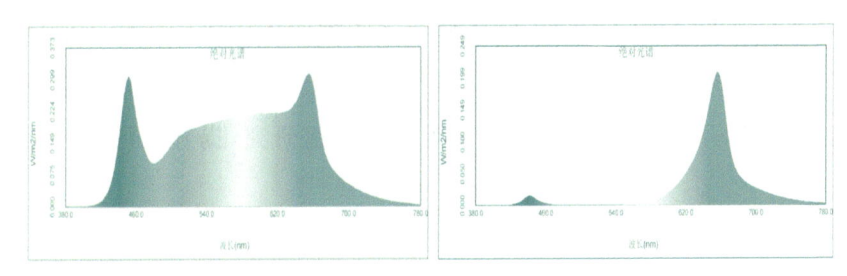

图 2　白光和红光实验室的光谱图(离光源 40 cm 测量)

第二组:为了探究光对番茄果实成熟的影响,学生设计实验,选择同时期的番茄果实 6 个,2 个不做处理,2 个用锡纸全包裹作为对照,2 个包裹一半作为对照(见图 3)。为了让番茄成熟的过程可视化,学生增加了延迟摄影进行拍摄。3 周后发现,未处理的番茄已经变红,全包裹的番茄依然呈现绿色,半包裹的番茄逐渐变红,可见光对番茄的成熟有影响。在测量糖含量时,学生将实验室的番茄和超市购买的大小相似的番茄进行了比较,发现虽然实验室中成熟的果实很红,但是多次测量结果显示平均糖含量只有市场上番茄的 1/4,这又带来了新的问题。研究表明不同营养液对番茄的生长发育影响不同,学生推测可能和营养液成分或者植物激素有关。

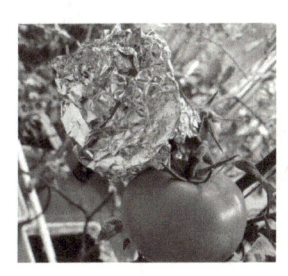

图 3　光影响番茄果实成熟的实验

结合两组实验的分析,学生推测在果实成熟期间,可采用单独加强光照的方式促进番茄成熟,也可尝试改变营养配比或者施加植物激素的方式促进番茄成熟。那么哪种光效果更好呢?如何调整营养的配比或者植物激素提高糖含量?带着这样的问题,学生将继续展开新的研究。

项目实践过程中,沿着"项目确立→文献搜集→项目设计→项目实施→项目反思→项目延伸"这样的路径,学生初步掌握了项目化学习的方法。最后开展实践成果展示,小组汇报本组研究,提升项目学习的影响力。

设计意图:

在解决真实问题的过程中,不同学科的知识自然进入学生的视野,从资料的搜集到实验的设计和实施,再到实验结果的分析和论证,学生主动学习物理、化学等知识,基于证据的学习,像科学家一样思考,逐步提升科学论证的能力。

(三)学习进阶 让素养在项目中生长

从发现问题到解决问题,学生对于番茄的生长有了真实的体验和具象的解读。项目中采用全程评价方式,笔者和学生一起讨论设计项目化学习评价量表(见表1),对项目的实施设计多维度评价量表,让学生在面对、解决新问题的过程中,不断进行学习进阶,提升跨学科解决问题的能力。跨学科能力评价的导向让素养在项目化学习中自然生长。

表 1 项目化学习评价量表

评价维度	评价标准	自我评价	小组互评
项目设计	问题有研究价值,描述科学准确	☆☆☆☆☆	☆☆☆☆☆
	遵循科学研究方法,方案具体翔实,可操作性强	☆☆☆☆☆	☆☆☆☆☆
	结合文献资料与多学科知识	☆☆☆☆☆	☆☆☆☆☆

续表

评价维度	评价标准	自我评价	小组互评
项目过程	实验流程规范科学	☆☆☆☆☆	☆☆☆☆☆
	过程记录真实详细	☆☆☆☆☆	☆☆☆☆☆
	小组协作分工合理、职责明确	☆☆☆☆☆	☆☆☆☆☆
项目成效	内容布局详略得当，突出重点	☆☆☆☆☆	☆☆☆☆☆
	数据处理简洁明了，规范准确	☆☆☆☆☆	☆☆☆☆☆
	表达严谨，具有创新性	☆☆☆☆☆	☆☆☆☆☆
项目反思			
项目延伸			

四、跨学科项目化学习的成效反思

中小学课程与教学中的"跨学科"不是为了传授专门的跨学科科学知识，而应理解为"跨学科的"，指向综合应用多门学科知识、技能和观念，促进学科之间的融通与整合。跟着番茄"跨"学科，以番茄生长为项目境脉，解决了跨什么和怎么跨的问题。事实上，跨学科项目化学习更应该是对学科学习的有效补充和提升，所以在番茄项目中还需融合《课程标准》中主题（四）"植物的生活"大单元的学习。从番茄的种子的培育到果实的成熟，观察其生长过程，完成第一部分：植物的生长、生殖和发育。通过人工智能温室中番茄的不同生长因素的控制研究，探究第二部分：植物体内的生理过程。体验物质的吸收、运输和散失，光合作用和呼吸作用原理的运用等。基于番茄种植的温室中湿度、碳氧传感器的使用，以真实实验数据论证第三部分：植物在生物圈的作用。纵观"植物的生活"大单元学习，有了番茄这个境脉支撑，知识体系更加清晰，通过本主题学习，学生可以理解与植物生命活动有关的大概念，训练基于证据和逻辑的科学思维，探究解决与植物栽培相关的实际问题,最终提升爱护植被的社会责任意识和情感。

　　跨学科的学习不是学科拼盘,而是形塑积极的学习形态,学生围绕真实情境问题的解决,聚焦产品成果的改进,在"做中学""做中思""做中创",在此过程中优化跨学科项目化学习的路径。在初中生物学跨学科学习中,还要不断延伸跨学科学习的内涵,充分利用社区资源,从食品安全、生物育种、垃圾处理、传统文化、健康生活等主题着手,以问题解决为导向,以项目为载体,以跨学科为方法,让学习成果可视化,让学生在解决真实问题过程中深刻体悟科学本质,形成正确的科学观念。

物技融合，知行合一：培养新时代科技创新人才

在高中教育阶段，物理课程与通用技术课程的融合具有特殊的教育价值与实践意义。物理学科为学生提供了力学、电磁学、能量转换等基础理论框架，而通用技术课程则强调实践应用与工程思维。二者若是能有机结合，就能够形成"理论指导实践，实践反哺理论"的良性循环：物理原理为技术设计提供科学依据，如机械结构中的杠杆原理或电路设计中的欧姆定律；而通用技术项目中的工程实践又能促使学生深化对物理概念的应用和理解，例如通过投石机的制作直观感受抛体运动规律，电路设计直接应用电路原理。这种跨学科融合不仅能提升学生的知识迁移能力，更能培养其系统思维和解决真实问题的核心素养，最终实现科学教育与技术教育的协同育人目标，培养理论与实践兼具的科技创新人才。

下面，笔者以两个教学案例阐述"结合通用技术课程促进物理学以致用"。

以"电容在延时电路中的应用"教学设计为例

一、前言

电容因其独特的充放电特性在电子电路设计中得到广泛应用。例如隔直流、延时、滤波、耦合、旁路等都是电容的常见应用。然而，高中阶段物理

教学对于电容的应用重点集中在平行板电容器产生电场并进一步与磁场结合从而影响电子在电磁场中的运动,而对于电容最基本的充放电特性在电子电路中的实际应用几乎没有涉及,导致学生对于电容的理解几乎停留在抽象的概念阶段,很难真正运用电容设计电路。究其原因,很可能是因为电容充放电的应用往往会涉及半导体元件、交流电、电感等物理教材中涉及较浅的内容,同时物理教师对这些内容的认识也很有限,因此限制了电容实际应用的教学。

通用技术选修教材《电子控制技术》为以上问题的解决提供了很好的帮助。在《电子控制技术》中,教材介绍了二极管、三极管等半导体元件的工作原理和典型应用。物理教学可以适当取材、合理运用,设计出有关电容实际应用的课堂教学,为学生进一步理解和运用电容打下基础,同时激发学生学以致用的欲望,提高学生的科技创新能力。笔者在这里设计了"电容在延时电路中的应用"一课,希望以此为例,抛砖引玉。以下为笔者的教学设计思路。

二、"电容在延时电路中的应用"教学设计

(一)引出电容的延时作用

学习过电容之后,学生都知道了电容可以充电也可以放电,此时教师可以引导学生进一步思考:既然充电和放电都不可能瞬间完成,那么电容充放电需要时间的这个现象可以有什么应用呢?从而引出电容的延时作用。

(二)理解延时的原理

为了让学生直观地看到电容在电路中起到的延时效果,教师可以设计制作这样一个对比演示电路,如图1:

首先,断开 S_2,闭合 S_1,学生能够看到发光

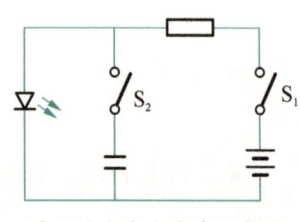

图1 延时效果演示电路

二极管在 S_1 闭合的同时就点亮了;然后,将 S_2 闭合,再闭合 S_1,这时能够观察到发光二极管一段时间后才点亮。此时,延时的效果就产生了。接下来,教师可以根据这个现象带领学生分析电容是如何起到了延时的作用,引导学生理解延时发生的原理。

由于 S_2 闭合时,发光二极管和电容并联,发光二极管两端的电压与电容两端的电压相等。而发光二极管要点亮,必须使加在它两端的电压达到一定的数值,这就需要电容被充电到相同的电压值,而电容被充电到该电压值需要一定的时间,这就造成了发光二极管在电容的充电阶段由于压降不够而不能点亮,只有当电容充电完成,两端电压达到了发光二极管点亮所需要的压降,发光二极管才能点亮。这就产生了延时点亮的效果。

为了让延时现象明显、直观,教师设计电路的时候,可以选用大一点的电容和电阻,好使电容的充电时间较长。笔者使用的元件和参数如下(仅供参考):压降为 3 V 的高亮二极管灯珠,1.5 kΩ 的电阻,1 500 μF 16 V 的电容,4.5 V 的电源。

(三) 设计延时电路

从上述的演示电路中,教师可以启发学生设计延时电路的思路,即将有导通门槛电压的半导体元件与电容相结合,利用电容的充放电时间,控制半导体元件的导通时间,从而达到延时开启或延时关断的效果。笔者利用三极管和电容分别设计了"触摸延时亮灯"和"触摸延时关灯"两个电路并用于教学,以供参考。

1. "触摸延时亮灯"电路设计

在通用技术课中,学生已经理解了三极管的工作原理以及三极管的放大和开关特性。因此,笔者先用三极管设计了一个"触摸关灯"电路(见图 2)。

图 2 "触摸关灯"电路　　　　图 3 "触摸延时亮灯"电路

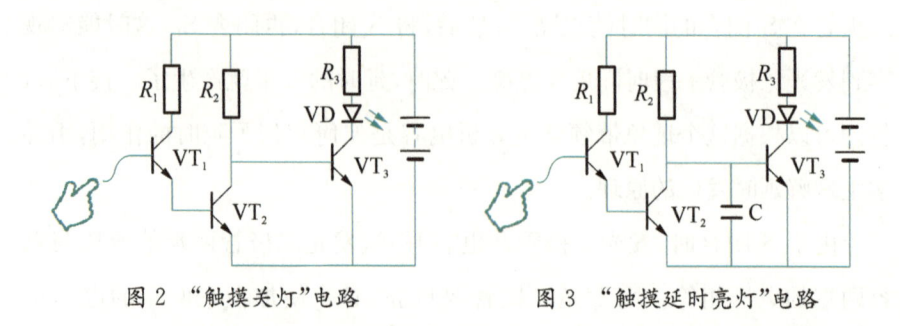

当手没有触摸 VT$_1$ 基极时，由于 VT$_1$、VT$_2$ 均未导通，因此 VT$_3$ 基极为高电位，符合导通条件，因此 VT$_3$ 导通，发光二极管为点亮状态；当手触摸 VT$_1$ 基极之后，VT$_1$、VT$_2$ 相继导通，VT$_3$ 由于基极电位被拉低而截止，发光二极管就熄灭，因此该电路有触摸关灯的效果。在理解该电路的基础上，笔者请学生思考：该电路能够实现触摸关灯的功能，但只有在手触摸的时候灯才会关闭，手一离开，灯就会立刻点亮。该电路还不太具备应用性。我们能否让灯在手离开之后继续保持一段时间的熄灭状态，然后再自动点亮呢？

通过这个问题的思考，进一步激发学生的设计思路：要使电路能保持一段时间的熄灯状态，即延迟发光二极管的点亮，只要利用电容的充电时间延迟 VT$_3$ 的导通即可。很快，学生便能想到在 VT$_3$ 的基极和发射极之间并联一个电容（见图 3）。此时，当手触摸 VT$_1$ 的基极，VT$_1$、VT$_2$ 导通，电容通过 VT$_2$ 支路放电，VT$_3$ 也因基极电位被拉低而截止，发光二极管熄灭。当手离开后，VT$_1$、VT$_2$ 截止，电容通过 R$_2$ 支路充电，电容两端电压缓慢升高，在没有达到 VT$_3$ 导通电压之前，VT$_3$ 保持截止，因而发光二极管也保持熄灭，只有当充电完毕，电容两端电压达到了 VT$_3$ 导通电压，VT$_3$ 导通，发光二极管才点亮。从而实现了触摸后延时亮灯的功能。

笔者使用的元件和参数如下（仅供参考）：电源为 4.5 V，红色发光二极管压降为 2 V，R$_1$ 为 100 Ω，R$_2$ 为 510 kΩ，R$_3$ 为 100 Ω，电容为 47 μF，三个三极管均为 S8050。

2."触摸延时关灯"电路设计

在"触摸延时亮灯"电路的基础上,笔者又请学生继续思考:能否再加一个三极管来实现触摸延时关灯的功能?要能够延时关灯,即要使灯能保持住一段时间的点亮状态。从图 3 电路已知加上电容之后 VT_3 会延迟导通,这样,只要利用 VT_3 保持截止的时间段让下一个三极管导通即可。于是,通过这样的思路引导,学生设计出电路(如图 4)。

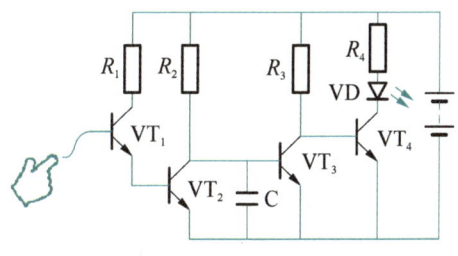

图 4 "触摸延时关灯"电路

该电路当手触摸时,电容从 VT_2 支路迅速放电,使得 VT_3 截止,VT_4 基极电位被拉高因而导通,发光二极管就点亮。在电容充电的时间里,VT_3 保持截止,因此发光二极管能保持点亮。当电容充电完毕,VT_3 导通,VT_4 就因基极电位被拉低而截止,发光二极管熄灭。从而实现了触摸延时关灯的功能。

笔者使用的元件和参数如下(仅供参考):电源为 4.5 V,红色发光二极管压降为 2 V,R_1 为 100 Ω,R_2 为 510 kΩ,R_3 为 51 kΩ,R_4 为 100 Ω,电容为 47 μF,四个三极管均为 S8050。

三、总结

"触摸延时"电路有一定的趣味性,学生设计出电路之后,还可以结合通用技术课,让他们自己动手在面包板上进行电路搭建试验。当学生在面包板上真正将电路搭建成功的时候,会很开心。学以致用的喜悦感和成就感能够进一步激发学生对物理的学习兴趣以及动手实践的欲望,有利于加深学生对物理知识的认识并提高实践创新能力。

以"水箱自动补水装置"为例

"水箱自动补水装置"或"水位自动控制装置"常常出现在物理教材、习题所创设的情境中。提及制作这类"自动化"装置,人们往往想到需要用到水位传感器、计算机等复杂的设备。但在这里,笔者用最简单的电子元器件设计和制作了一款"水箱自动补水装置"。该装置原理简单,成本低廉,演示效果好,其中使用的电子元器件均是学生在物理课或通用技术课中学习过的。使用该装置进行教学可以揭开"自动化"装置的"神秘面纱",让学生恍然大悟,意识到他们已有的知识完全可以设计出类似的甚至更高级的自动化装置,从而激发学生亲手制作的兴趣和欲望,促进学生激活头脑中的物理概念和物理知识,学以致用,进而发明创造。

一、"水箱自动补水装置"功能介绍

图1所示为一个深度为40 cm左右的水箱,A点为水箱口,C点为水箱底,B点为水箱中下部的一个位置。当水箱中的水位从A点下降到B点时装置能够自动给水箱补水,当水位上升到A点时停止补水。

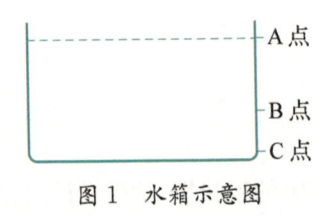

图1 水箱示意图

第四章
学科建设中的融合教育实践

二、"水箱自动补水装置"设计思路

下面,简单介绍一下该装置的设计思路:

第一步,将具体事物抽象为物理概念。

水是导体,可以导电,有一定的电阻。当水满的时候,即水位不低于 A 点时,可以把 AB 之间的水看作一个电阻 R_{AB},BC 之间的水看作另一个电阻 R_{BC},即 AB、BC 均为通路;当水位下降,处于 AB 之间时,可以认为 AB 之间断路,BC 之间的水仍然为电阻 R_{BC},即 BC 为通路;等到水位一直下降到 B 以下的时候,AB、BC 均为断路。

第二步,形成逻辑工作表(如表1)。

表1　逻辑工作表

水箱状态			水泵工作状态
水满	水位＝A	AB 通路;BC 通路	水泵不工作
水位下降	A＞水位≥B	AB 断路;BC 通路	水泵不工作
水少	水位＜B	AB 断路;BC 断路	水泵开始工作
水位回升	A＞水位≥B	AB 断路;BC 通路	水泵继续工作
水满	水位＝A	AB 通路;BC 通路	水泵停止工作

第三步,功能联想,选择电子元件。

首先,可以将 AB、BC 的通断作为控制电路的控制动作,水泵的工作与否作为工作电路的结果,因此,需继电器将控制电路和工作电路联系起来。其次,当 AB 为通路时,经过测量,AB 之间水的电阻约为 20KΩ 左右,如果直接与继电器的线圈部分串联,恐怕电流太小,尽管是通路也无法使继电器顺利吸合,因此可能要使用三极管。另外,AB 断路之后,水泵要能继续工作:什么元件在信号停止之后还能继续保持导通呢?很自然联想到可控硅。

第四步,设计并制作电路。

完成电路设计(见图2);完成电路焊接(见图3)。

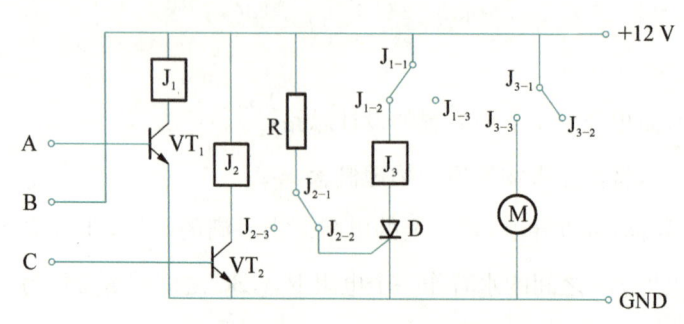

图 2 "水箱自动补水装置"电路图

图 3 "水箱自动补水装置"实物图

三、"水箱自动补水装置"原理介绍

所需元器件型号及参数(见表2):

表 2 元器件型号表

编号	名称	型号或参数	数量
R	电阻	10 K	1
J	电磁继电器	12 VDC 10 A	3
D	单向可控硅	MCR100 - 6	1
VT	三极管	S8050	2
M	水泵	12 V	1

如图 4-18，当水满的时候，AB 之间相当于接入一个电阻，成为通路，VT_1 导通，J_1 吸合；同理，BC 之间也相当于接入一个电阻，成为通路，VT_2 导通，J_2 吸合，因此，R 和 J_3 所在的支路均为断路，J_3 不吸合，水泵不工作。当水位下降，处于 AB 之间时，AB 为断路，VT_1 截止，J_1 释放，但由于 VT_2 仍然导通，J_2 仍保持吸合，所以可控硅没有触发信号，无法导通，因此 J_3 仍不吸合，水泵仍不工作。当水位继续下降，到 B 以下的时候，BC 成为断路，VT_2 截止，J_2 释放，于是可控硅被触发，J_3 吸合，水泵开始工作。当水位回升，超过 B 的时候，BC 又为通路，使 VT_2 导通，J_2 吸合，可控硅的控制端断开，但是仍然维持导通状态，使水泵能持续工作，一直到水位达到 A，VT_1 导通，J_1 吸合，可控硅阴阳极所在的支路断电，可控硅才截止，J_3 释放，水泵停止工作。

四、应用及意义

"水箱自动补水装置"可用于高中电路部分的教学，可以作为演示电路，也可以结合通用技术课程，让学生亲手制作。通过该装置的设计与制作，学生能完整体验实际问题的解决过程，并加深对物理概念的理解，同时提升物理建模和抽象的能力以及电子电路的设计和应用能力。该装置的教学将非常有利于学生学习兴趣的激发和解决问题能力的提高，进而提高学生的实践创新能力。

依托社团课程开展学科融合教学的优势及策略

学科融合是指在承认学科差异的前提下打破学科边界，挖掘学科间的交叉点，将两个或两个以上学科的知识、方法、原理、情感态度和价值观通过整合，有机地融入教学中，使各学科之间相互融合、渗透的教学模式，其目的是提升学生的创造力、问题解决能力和综合思维能力，培养核心素养，促进全面发展。因此学科融合教学是培养复合型创新人才、促进优秀人格品质健全成长的重要抓手，教学实践中应探索合适的教学路径，将融合落到实处，以实现人才培养的目标。

一、社团课程实现学科融合的优势

社团课程因其较为独立的课程地位、活动式的课程形式、以学生为中心的课程本质以及多元立体的评价体系等特点在学科融合教学的实施上有独特的优势和育人效能。

（一）社团课程在课程体系中具有独立性，有利于创设学科融合教学形态

社团课程在学校课程体系当中是相对独立于学科必修课程而存在的。其课程地位相对独立，不受制于必修课程的建设制度和实施进度，是可以自由制定课程目标、课程内容、课程实施和课程评价的校本课程。因此，在社

团课程里,可以打破传统课程的固有形态,创设学科融合的教学形态,例如在社团课程里可以组建多学科教师的指导团队,可根据课程内容决定由哪位教师授课或多位教师联合授课;可以不固定教学场所,而是根据教学需要去相应的实验室或图书馆甚至户外场所开展教学;可以没有固定的课桌椅,而是允许学生根据学习项目自由组队,完成不同的分工任务等等。社团课程的相对独立,为学科融合教学的实施和开展提供了自由的空间,使得学科融合教学形态的创设和实现有了发展的土壤。

(二)社团课程在课程形式上具有活动性,有利于实施主题式的学科融合教学项目

社团课程多以主题式活动为主,且活动具有综合性、趣味性和开放性,通常需要学生合作完成,同时活动与活动之间不需要必然联系,可以呈递进式也可以完全独立,此外,活动时长也没有固定规定,可以一课时完成也可以多课时完成。这些特点与学科融合教学的课程本质十分吻合。在社团课程中,可以开展以学科融合为特色的各类主题活动,并可根据活动特点自由制定教学设计和教学进程,同时各个项目主题之间可以相对独立,也降低了学科融合教学在初期开展中的难度,为学科融合教学的推广和实施提供便利。

(三)社团课程在课程本质上具有生本性,有利于学科融合教学发挥学生的能动性

社团原是由志趣相投的学生集合在一起,由学生自主管理和组织,合作开展主题活动的团体。因此,社团在本质上是以学生为中心的。基于社团形式构建的课程,将延续这一特点,同时由于教师的加入和活动的课程化,使得社团课程比普通的社团活动更具系统性和目标性。因此以社团课程为依托开展的学科融合教学能在保证课程教学性的前提下,激发学生积极主动地参与到学科融合主题活动中去,让学生在其中策划、组织和活动,充分

发挥学生的主观能动性。

（四）社团课程在教学评价上具有多元性，有利于实现学科融合教学全人教育的目标

社团课程对学生培养和评价的角度是多角度和多元的。在社团课中，学生不仅专注于学习内容，还需关注社团的组织和管理，如特色活动的组织和开展、社团管理的换届和选举、社团对外的展示和宣传等等。因此，社团对学生的评价也不仅限于学生所习得的知识或技能，而是持多元的态度，肯定其在人际交往、团队合作、组织管理、心理调适、创新实践等多方面的表现，充分尊重学生的个性发展。在社团课程中，学科融合教学能充分地施展其在培养全面发展的人方面的"抱负"，通过融合性项目活动的开展，鼓励学生成为活动的组织者、参与者、展示者和评价者，使学生在活动中获取知识，培养品格，养成素养。

此外，社团课程还具有丰富多彩的内容和自由开放的氛围等特点。这些特点都有利于学科融合教学突破多重的学科壁垒，创设丰富的教学情境，纳入多样的教学资源，创建多边的学习场域，发挥学生特长，实施多元的教学评价，使学科融合教学得以充分落实，育人目标得以实现。

二、依托社团课程实施学科融合教学的策略

社团课程在实施学科融合教学上有独特优势，那么如何依托社团课程开展学科融合教学呢？下面笔者以"头脑奥林匹克"社团为例，阐述在社团课程中开展学科融合教学的实施策略。

（一）"头脑奥林匹克"社团课程简介

"头脑奥林匹克"（Odyssey of the Mind，以下简称OM）活动是一项开发学生大脑潜能，全面培养学生创新精神、合作精神和实践能力的国际性创

造实践活动。它要求参与者 5—7 人为一组,利用工程、技术自主设计、制作赛题所要求的轻木结构或机器人或智能车辆等,并通过编剧、表演将所设计的作品融入其中,再配以自制的道具、服装,完成一个 8 分钟舞台剧表演,以此展示作品的特点、功能。在此过程中,参与者充分合作,激发创意,投身实践,收获快乐,提高能力。

OM 活动将工程、技术、文学、艺术融合在一个项目中,让学生在教师的指导下通过合作、实践,自主创作和表演,是典型的学科融合教学项目。

(二)开展学科融合教学的实施策略

1. 组建一个具有多学科背景的教师指导团队

学科融合教学不是将不同学科知识机械地拼凑到一起,而是需要将各学科的知识、方法甚至思维方式和对学科本质的认识都有机融合在一起,这不是一位教师能做到的,而是需要多学科教师联合教学,通过教师们常常在一起讨论、研究,交流学科本质,挖掘学科内在关联,创设学科融合项目教学载体,形成良好的合作、交流关系,才能让学科融合的理念真正实施和落地。因此,学科融合教学首先要根据所融合的学科领域,组建学科融合的教师团队,为融合教学奠定坚实的师资力量。

如 OM 社团首先根据活动所涉及的学科领域,组建了一个由技术、语文、音乐、美术四个学科组成的教师指导团队,其中技术教师负责指导学生制作结构、机器人等工程作品以及各类表演道具;语文教师负责指导学生编剧、台词;音乐教师负责指导学生在舞台剧中进行配乐和表演;美术教师负责指导学生制作服装、美化道具等。OM 活动时四位教师联合指导,为学生提供思路引导和技术支持,使学生的工程作品和舞台表演完美融合。

2. 布置一个具备多学科软硬件的活动教室

学科融合教学不但要让学生学习多学科的知识,也要让其掌握各学科的方法和技能,且在真实问题的解决过程中,不可避免地需要各学科的器材、工具来帮助问题的解决,因此学科融合教学在软硬件配置上需要注意各学科教具、实验器材、工具设备等软硬件设施的综合配置,以满足各学科实验教学的基本需要和学生灵活使用的需求,促进学生对各学科方法、技能的掌握,助力其动手能力、创新能力的均衡发展。

因此,为使学生在开展融合活动时,能够根据自己的设想和构思"随心所欲"地使用各学科知识、工具进行探索和实践,教师需为融合教学布置一个具备多学科软硬件设备的活动教室。

如 OM 社的指导老师为 OM 活动布置了一个多功能教室,其中包括用于工程作品制作的各类材料、工具,如切割机、钢锯、台钻等;用于服装、道具制作的美术工具,如布料、颜料、画笔等;用于配乐、伴奏等的音乐设备,如音响、电子屏;以及用于资料搜索的计算机等。OM 活动室充分保障学生对多学科材料、工具的需求,使其可以灵活投身于学科融合、交叉的创新活动中。

3. 设计一个具有学科融合性的活动项目

知识融合的原始状态蕴含在真实问题的非良构形态中。在现实生活中,问题不是按既定学科分类的,而是多学科错综复杂地关联在一起,需要灵活运用多学科知识和方法来解决,因此学科融合的教学应当创设真实的问题情境,构建面向现实世界的真实性活动,以项目式、主题式、活动式的学习任务来联结各学科,以任务链的方式递进课程的实施,并通过合作探究来引导学生亲历问题解决的过程,从而推动学生对各学科知识、方法的学习和运用,实现学科融合学习。

因此,教师团队应当联合教研,开发和设计具有学科融合性的教学活动,使多学科知识、技能、方法和思想能有机融合在这个活动中,让学生在活动时,不是分散地完成各个学科的任务,而是将各学科的知识、技能进行横向的组织和运用,突破学科壁垒,实现思维和素养的融合。

如 OM 社团,四位指导老师联合教研,每 4—6 周参照 OM 活动赛题设计一个融合活动,如设计一个法师与勇士的短剧,其中法师角色需由自制机器人扮演。在这个活动中,学生在设计机器人时不仅要考虑机器人本身的机械构造,还要考虑其在表演中所充当的角色,从而在运用技术时就融入文学的温度和艺术的装饰。这样的活动将工程、技术、文学、艺术有机融合在一个具有挑战性的项目当中,激发学生的兴趣,引导学生主动将各学科知识和素养联合运用,突破纵向思维的局限,实现融合创意的迸发。

4. 组织学生开展学科融合的学习活动

学科融合教学的问题解决方案不是唯一和固定的,因此,课程的设置和教学的进程应以学生为中心,根据学生对问题的理解,提出解决方案,涉及的学科背景及相关学科知识、技能来灵活规划教学的设计和实施,并给予学生充分的活动空间和活动自主性,以此,充分调动学生的主观能动性,让学生能够积极地、全身心地投入学习中去,主动地汲取各学科知识、技能,体验各学科的融合运用和知识之间的相辅相成,从而内化知识,建构起学科互联的知识图式。

因此,教师需要坚持以生为本的原则,组织学生开展学科融合的学习活动。在组织时,教师要以帮助者、引导者的身份退居"二线",让学生成为活动的主体,有意识地引导学生自主探索、协同合作,发挥学生的能动性,鼓励学生表达、创新,让学生在活动中生成融合的思维,培养善于合作、沟通、互助的优质品质。

如在 OM 社团中,教师将学生分成 5—7 人的小组,分配每个小组自主完成一个 OM 活动任务,然后将活动的主导权交由学生,由组内成员共同讨论,完成任务解决的方案、进程和分工等,四位指导老师则在旁实时帮助和指导。通过这样的方式,学生的主动性被完全激发,他们热火朝天地讨论,彼此合作,困惑时共同探索,困难时互相帮助,一起前进,一起成功,不但获得知识、能力,更在不知不觉中培养了创新意识、合作精神和实践能力等优秀素养。

5. 构建一个多元融合的教学评价体系

学科融合教学培养的不仅是学生对各学科知识的了解,更是学生对各学科方法、本质的综合认识，是对学生动手能力、创新能力、问题解决能力等综合能力的培养以及合作能力、探究精神、实事求是等人格品质的养成。因此学科融合教学在评价体系的建构上应当以学生的全面发展为核心，在关注学生知识学习、结果呈现的同时，更关注学生在过程中的投入与表现及其思维能力、心理素质、创新品质等综合素养的发展。

因此，教师要构建一个多元融合的教学评价体系以关注和评价学生的多元智能和人格品质，通过评价促进学生对知识的融合学习以及素养的融合内化，同时肯定学生的个性表现，鼓励学生之间的团结、合作、创新，从而促进核心素养的全面发展。

如OM活动中，对学生的评分主要分为两部分。第一部分是对学生作品的评分，如考察舞台剧表演的艺术质量、工程作品的完成质量、工程作品与舞台表演的融合程度、艺术表现力及创造性等。这一块评分主要是评价学生对工程、艺术等知识和技能的掌握和应用能力以及创新能力、实践能力等。第二部分则是对学生团队合作的评分，如评价团队是否分工合理、是否有充分协调的合作、是否每个学生都积极参与等。这一块评分主要评价学生的合作能力、沟通能力和工程思维等。通过这两部分评分，既对学生的过程性表现和最终成果进行了评价，也对学生融合应用工程、文学、艺术的能力以及实践、合作、创新的综合品质进行了评价，从而促进学科融合教学目标的落实。

三、总结

综上，社团课程因其较为独立的课程地位、活动式的课程形式、生本性的课程本质以及多元立体的评价体系等特点在学科融合教学的设计和实施上有独特优势。教师可以通过组建教师指导团队、布置融合活动教室、设计融合活动项目、组织活动开展、构建融合教学评价的策略步骤发挥社团课程的优势，开展丰富多样的学科融合教学，实现学生核心素养的全面发展。